KB276148

다가오는 영화들

뜨거운 영화들

스크린 속으로
더 깊이 들어가고 싶은
너에게

라제기
지음

북트리거

영화를 좀 더
깊이 보고 싶은 이들을 위해

오래전 일입니다. 어느 영화제에 심사위원으로 참여한 적이 있었습니다. 수상작을 결정하는 회의 중에 심사위원 다섯 명 중 네 명이 상을 주자고 입을 모은 영화가 있었습니다. 그런데 유일하게 반대를 하는 심사위원의 말 한마디에 심사위원 네 명의 마음은 금방 돌아섰습니다. 심사위원들이 상을 주고 싶었던 영화는 프랑스에서 만들어진 것이었습니다. 단호하게 반대 입장을 표명한 심사위원은 프랑스 영화인이었습니다. 그는 해당 프랑스 영화 속 배우들의 발성법이 초등학생 수준이라고 혹평을 했습니다. 프랑스어를 몰랐던 나머지 네 명은 파악할 수 없었던 점입니다. 다른 나라에서 다른 언어로 만들어진 영화를 온전히 이해한다는 게 얼마나 힘든 일인지 새삼 깨닫게 되었던 순간의 일화입니다.

한국 영화가 해외에 수출됐다는 소식을 들을 때면 궁금증이 일고는 합니다. 과연 외국 사람들은 한국 영화를 어느 정도까지 이해하고 즐길까, 혹 이야기나 특정 장면에 대한 오해는 없는 것일까 하고요. 해외 영화를 볼 때 비슷한 생각이 들기도 합니다. 특히 우리가 익숙하지 않은 문화권 영화를 만날 때면 잔뜩 긴장하고는 합니다. 영화를 제대로 파악할 수 있을까 하는 우려에서입니다.

2024년 국내에서 흥행이 가장 잘된 영화 중 하나로 〈파묘〉가 있습니다. 국내에서만 1,000만 관객을 이뤄냈지요. 또한, 133개국에 수출되는 등 다른 국가들에서도 큰 관심을 받았는데요. 이 소식을 들었을 때도 궁금증이 일었습니다. 한국의 무속과 풍수지리를 주요 소재로 했고, 일제강점기라는 특수한 역사가 스크린을 관통하는 영화를 문화 바깥의 사람들이 얼마나 잘 파악하고 제대로 받아들일 수 있을까 하는 생각이 새삼스레 들었기 때문입니다.

해외에서 〈파묘〉가 흥행을 한 나라들이 있습니다. 베트남과 인도네시아, 대만 등의 동아시아 국가들이지요. 한류가 워낙 인기 있는 나라들이고 문화적·정서적으로도 한국과 가까운 곳들이니 〈파묘〉를 좋아할 만도 합니다.

또 다른 공통점도 있습니다 식민 역사라는 아픈 기억을 지닌 나라들이라는 것입니다. 베트남은 프랑스로부터, 인도네시아는 네덜란드로부터 오랜 기간 식민 지배를 받았습니다. 태평양전쟁 기간 일본 제국주의가 잠시 지배했던 역사가 있기도 합니다. 대만은 50

년 동안 일제 식민지였습니다. 한국과 비슷한 역사를 지녔으니 좀 더 공감하면서 〈파묘〉를 보지 않았을까요. 일제가 한반도 정기를 끊기 위해 우리 땅 곳곳에 몰래 철심을 박았다는 설정이 낯설다고 하더라도요.

＊＊＊

영화에 대한 국적별 오해는 내용에만 그치지 않습니다. 제가 영국의 한 대학원에서 영화를 공부할 때 일입니다. 석사 논문을 쓰기 전 어떤 내용을 담을 것인지 공개 발표회를 했습니다. 제가 봉준호 감독의 영화 〈괴물〉(2006년)을 한국형 블록버스터라고 표현하자 영국인 교수가 손을 들고 이의 제기를 했습니다. 미화로 1,000만 달러도 들이지 않은 〈괴물〉은 블록버스터가 아니라 독립 영화에 해당한다는 지적이었습니다.

할리우드를 기준으로 하면 적어도 1억 달러는 넘어야 블록버스터 수식을 붙일 수 있던 시절입니다. 하지만 2000년대 중반 한국에서는 제작비가 100억 원을 넘으면 대작이라며 국내 언론의 관심이 집중됐던 때입니다. 앞의 교수는 한국 영화의 산업적 특징을 고려하지 않고 저에게 문제를 제기했던 겁니다. 그는 〈괴물〉이 저예산이었기에 할리우드 대작에서는 볼 수 없었던 발상과 표현이 가능했다고 덧붙였습니다. 괴수 이야기를 다루면서 반미라는 민감한 문제를 조리 있게 담아냈다는 거죠. 할리우드에 비해 감독 발언권이 상대적으로 센 한국 영화 산업의 특징, 그리고 2000년대 중반 한국 사회에 퍼져 있던 반미 정서를 잘 모르고 한 주장입니다. 저는 당시 영화를 온전히 이해하기 위해서는 사회적·문화적·역사적 맥락뿐만 아니라 산업적 특징까지 고려해야 한다는 점을 새삼 깨달았습니다.

영화 한 편을 제대로 보기 힘들다는 말을 하려는 건 아닙니다. 영화는 아는 게 많을수록 더 많은 것을 볼 수 있고 제대로 이행할 수 있는 매체입니다. 넓은 사각 화면에 숱한 시각 정보를 담고 있으면서 이야기를 통해 많은 것들을 전하기 때문입니다.

＊＊＊

제게 영화라는 매체는 제가 잘 알지 못하는 세상으로 가는 창구 같은 존재입니다. 저는 20대 초반만 해도 대만 역사를 잘 몰랐습니다. 하지만 대만 영화 〈비정성시〉(1989년)와 〈고령가 소년 살인사건〉(1991년)을 보면서 대만의 아픈 현대사를 어느 정도 알 수 있었습니다(제가 대만 역사를 좀 더 잘 알았다면 이들 영화들 화면 곳곳에 숨겨진 '기호'들을 더 잘 파악했을 테지만요). 이들 영화 덕분에 대만 역사에 관심을 가지고 관련 문헌들을 찾아봤던 기억이 있습니다.

때로는 영화라는 창구 앞에 장애물이 놓인 경우도 있습니다. 가끔은 창구가 아주 넓어질 때도 있지요. 제가 영화에 대해 아는 것이

적을수록 장애물은 높고 많아지지만, 제가 아는 게 많으면 장애물은 사라지고 창구는 넓어집니다. 어떤 경우든 영화는 매력적입니다. 제게 지적 도전장을 던지기도 하지만, 함께 시간을 즐기자며 손을 내밀기도 합니다. 요컨대 영화는 제게 '다가오는' 매체입니다.

＊＊＊

여러분은 영화를 어떻게 즐기시나요. 지적 유희로서 영화를 보시나요, 아니면 시간을 보내기 위한 단순한 여흥으로 여기시나요.

『다가오는 영화들』은 주변에서 우리에게 봐 달라고 손짓하는 영화들에 대한 일종의 안내서입니다. 영화 속으로 좀 더 깊이 들어가고 싶은 분들 앞에 놓인 무형의 장애물을 없애 주는 역할을 하고자 합니다.

이 책에서는 '균형'과 '정의', '의심', '인생', '오만과 편견', '연결' 총 여섯 가지 주제를 핵심 키워드로 삼아 되도록 다양한 영화들을 담으려 했습니다. 메시지는 다 다르지만, 같은 키워드를 공유하고 있는 여러 가지 영화들을 통해 생각의 폭을 넓혀 보고자 하였습니다. 이 책이 영화를 오락거리로 즐기시는 분들께도 영화의 유용성을 새삼 돌아보게 만들어 주는 책이 되었으면 좋겠습니다.

물론 여기 담긴 글들은 '정답'이 아닙니다. 누구나 영화를 각자의 생각대로 즐길 수 있습니다. 다만 『다가오는 영화들』이 영화를 좋아

하는 여러분들에게 사고의 자극제가 됐으면 합니다. '이 영화는 이
렇게 볼 수도 있구나', '이 장면은 이렇게 해석할 수도 있구나' 생각
하면서 읽으신다면 더할 나위 없이 좋겠습니다.

2024년 가을

라제기

목차

인생

반드시 아름답고 찬란하지만은 않을지라도

오만과 편견

이토록 강력한 방해꾼에 맞서

연결

관계의 본질을 파헤치고 새롭게 잇기

1

같거나 다른 우리를
하나로 엮어 주는 것이 있다면。

Title ▸ Encanto · 〈엔칸토: 마법의 세계〉· 2021
Director ▸ 바이런 하워드, 재러드 부시, 카리스 카스트로 스미스
Cast ▸ 스테퍼니 베아트리스(미라벨 마드리갈 목소리)

진정한 마법은
보통 사람들로부터

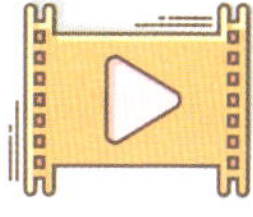

아주 특별한 가족

콜롬비아의 어느 깊은 산골 마을 엔칸토에는 특별하고도 특별한 대가족이 살고 있습니다. 주인공 미라벨의 어머니와 이모, 언니들, 사촌들은 모두 별난 능력을 지녔습니다. 어머니는 요리로 사람들의 상처를 치료합니다. 이모는 기분에 따라 날씨를 조종하는 능력을 갖고 있고요. 첫째 언니는 힘이 장사라 무엇이든 번쩍 들어 올릴 수 있고, 둘째 언니는 손짓 하나로 꽃을 피워 냅니다. 사촌들 또한 저마다 아주 작은 소리까지 다 들을 수 있는 뛰어난 청력, 무엇으로든

변할 수 있는 변신 능력, 동물과 소통하는 능력을 지녔습니다. 삼촌은 미래를 보는 능력이 있었다는데, 종종 불길한 예언을 해 사람들의 외면을 받다가 어디론가 사라졌습니다.

애니메이션 〈엔칸토: 마법의 세계〉(이하 〈엔칸토〉) 속 마드리갈 가족은 각자의 마법을 활용해 마을 사람들을 돕고 마을에서 일어나는 온갖 문제를 해결합니다. 사람들은 마드리갈 가족 덕분에 외부로부터 고립된 상태에서도 안락한 삶을 누립니다. 특히 집 자체가 마법의 공간인 마드리갈 가족의 저택은 작은 성(城)처럼 마을을 지키는 중심 역할을 하고 있지요. 이렇듯 가족을 비롯해 마을 사람 모두가 행복하게 지내며 지금의 생활에 만족하는 가운데, 유독 미라벨만 홀로 의기소침한 상태입니다. 다른 가족들처럼 때가 되면 의식을 통해 마법의 힘을 갖게 될 줄 알았는데, 여전히 자신만 아무런 능력도 얻지 못한 채 평범하게 지내고 있기 때문입니다.

마드리갈 가족의 마법은 꺼지지 않는 촛불에서 비롯됐습니다. 할머니가 수십 년 전 주민들과 함께 예전에 살던 곳에서 도망쳐 올 때 위기 상황에서 촛불이 신비한 기운을 발산한 뒤 마드리갈 가족에게 마법이 생겨났거든요. 할머니를 비롯해 가족 구성원과 마을 주민 모두 이 촛불을 신줏단지처럼 모십니다. 촛불에 문제가 생기면 자신들이 오랜 세월 구축해 온 마법의 세계를 비롯해 마을 전체가 위태로워질 수 있다고 우려하기 때문입니다. 그러던 어느 날, 미라벨은 집에 균열이 생긴 것을 발견하게 됩니다. 할머니는 미라벨이 헛

것을 본 거라고 일축하지만 어딘가 심상치 않습니다. 곧이어 미라벨은 가족을 지탱해 주던 마법의 힘이 위험에 처했으며 이에 할머니가 노심초사하고 있다는 사실을 알게 됩니다. 대체 이들에게 무슨 일이 생긴 걸까요? 마법의 힘으로 유지되던 마을은 무사할 수 있을까요?

마술적 리얼리즘의 세계

마법의 세계가 위기에 빠졌다는 것을 알게 된 미라벨은 홀로 동분서주합니다. 미라벨은 집을 나간 삼촌의 방을 우연히 찾았다가 그곳에서 이상한 환영을 보고 충격을 받습니다. 그건 바로 무너지는 집 앞에 서 있는 자신의 모습이었죠. 미라벨은 환영 속 자신의 모습이 마치 집안을 무너뜨리는 장본인처럼 보여 더욱 마음이 급합니다. 이후 미라벨은 먼 곳으로 떠났다고 생각했던 삼촌이 사실은 집 안의 숨겨진 공간에 머물러 왔다는 사실을 알게 됩니다. 과연 미라벨은 마드리갈 가족과 마을을 위기로 몰아갈 저주받은 인물일까요? 아니면 마법의 세계를 구할 특별한 능력의 소유자일까요?

〈엔칸토〉를 제대로 이해하기 위해서는 '마술적 리얼리즘(magical realism)'에 대해 알아 둘 필요가 있습니다. 이는 본래 독일의 한 예술 평론가가 1920년대, 기존의 사실적 표현을 뒤엎는 당대 독일 화

가들의 작품 속 초현실주의적 경향을 지칭하기 위해 만들어 낸 용어예요. 이후 마술적 리얼리즘은 점차 문학에서 활발하게 사용되기 시작했는데, 이는 중남미 지역의 문학이 갖는 경향과 특이성을 설명하기 위해서였어요. 한마디로 명확하게 정의 내리기는 어렵지만 이들은 대체로 환상성이 짙게 드러나면서도 현실성을 놓치지 않는다는 특징을 지닙니다. 소설 『백 년 동안의 고독』 등으로 유명한 콜롬비아 작가 가브리엘 가르시아 마르케스Gabriel García Márquez, 『운명의 딸』 등으로 이름 높은 칠레 작가 이사벨 아옌데Isabel Allende 등이 마술적 리얼리즘을 잘 구현한 대표적인 중남미 문인으로 꼽히죠.

마술적 리얼리즘은 비참한 현실을 우화적으로 또는 은유적으로 표현하기 위해 사용되곤 합니다. 중남미 문학에서 마술적 리얼리즘이 자주 쓰인 이유 역시 이와 무관하지 않습니다. 지역의 불행한 역사와 관련이 있기 때문이죠. 브라질은 포르투갈에 의해, 나머지 중남미 지역은 스페인에 의해 수백 년 동안 식민 지배를 받았습니다. 제국의 수탈과 착취로 민중은 고통받기 일쑤였습니다. 이후 중남미 국가들이 독립을 이뤄 낸 뒤에도 시련은 끝나지 않았습니다. 대개 독재 정부가 들어선 경우가 많았고, 약속이라도 한 듯 대부분의 나라에서 군사 쿠데타•가 발생했습니다. 이러한 상황에서 마술적 리얼리즘은 권력층의 눈을 피해 고통스러운 현실과 참담한 역사를 고

●　　**쿠데타**　무력으로 정권을 빼앗는 일. 지배계급 내부의 단순한 권력 이동으로 이루어지며, 체제 변혁을 목적으로 하는 혁명과는 구별된다.

발하기에 적합한 도구였습니다. 현실이 꿈처럼 묘사되거나 환상이 현실에 자연스럽게 스며드는, 몽환적이면서 매혹적인 이야기는 민중의 마음을 다독이는 데도 아주 유용했죠. 영화 〈엔칸토〉 역시 이처럼 현실과 환상의 세계를 넘나드는 마술적 리얼리즘으로 가득 채워져 있습니다.

특권이 되어 버린 마법

앞서 언급했듯, 과거에 마드리갈 가족을 비롯한 마을 주민들은 원래 살던 곳을 떠나 이곳에 정착했습니다. 명확한 상황은 묘사되지 않으나 아마도 이들은 군대를 동원한 지배 세력의 폭압으로 인해 도망칠 수밖에 없었던 것으로 추정됩니다. 도주 과정에서 미라벨의 할아버지는 가족과 이웃을 지키려다 피살됐고, 이후 신비로운 촛불이 힘을 발휘하게 됐습니다. 그 덕분에 마드리갈 가족과 주민들은 그간 마법의 세계에서 안온한 삶을 누릴 수 있었습니다.

하지만 평화로운 시기가 오래 지속되면서 마드리갈 가족은 어느샌가 그들도 모르게 특권 의식에 젖은 것처럼 보입니다. 마드리갈 가족의 피가 섞인 이라면 누구나 특별한 능력을 부여받게 되니, 가족 구성원들은 이를 마치 자신들만의 특권으로 여기는 듯하죠. 그러던 중 기대했던 것과 달리 미라벨이 아무런 초능력을 갖지 못하자 가족들, 특히 할머니는 실망한 기색이 역력합니다. 미라벨의 사촌 동생마저 마법 능력을 갖지 못할까 봐 내심 불안해하던 할머니는, 미라벨 둘째 언니의 상견례 자리에서 가족들의 능력이 약해지는 마당에 유력 가문과의 혼사까지 그르치게 될까 봐 노심초사합니다. 처음에는 마법의 힘을 부여받는 일을 대단한 은총으로 여기며 감사히 받아들였지만, 이제는 너무나 당연시하게 된 것이죠. 어쩌면 마법의 세계에 균열이 일기 시작한 건 할머니의 경직된 인식과 가족들의 특권 의식 때문인지도 모릅니다.

극 중에서 미라벨이 마법의 세계를 뒤흔들고, 다시 새롭게 만들어 가는 인물이라는 사실은 주목할 만합니다. 홀로 아무런 능력도 부여받지 못한 미라벨은 다른 가족 구성원과 달리 '특권'에서 자유롭습니다. 그러니 할머니가 구축한 기존의 체제를 바꾸기에 미라벨보다 더 적합한 인물도 없는 셈이죠.

일련의 소동 이후 마법 세계가 다시 새롭게 만들어지는 과정 역시 주의 깊게 볼 필요가 있습니다. 오랜 시간 마드리갈 가족을 지켜주던 집이 무너져 버리자, 그간 이들 가족에게 도움을 받아 온 마을 주민들이 모두 힘을 합쳐 새집을 짓습니다. 그러자 새롭게 만들어진 집에 다시 마법의 힘이 깃들고, 사라졌던 마드리갈 가족의 초능력 역시 되살아납니다. 이들의 초능력은 이전과 달리 각각의 개성과 열망이 가미된 모습입니다. 마을 주민들, 즉 민중에 의해 다시 구축된 마법의 세계는 훨씬 자유롭고 안정돼 보입니다.

중남미 작가들이 마술적 리얼리즘을 작품에 적용했던 건 권력자들을 찬양하거나 지배 계층을 미화하기 위해서가 아니었습니다. 국가와 사회를 아래에서 받치고 있는 대다수 민중의 현실을 전하고 그들을 위로하기 위해서였죠. 〈엔칸토〉는 겉으로 떠들썩한 한바탕 소동극이자 한 소녀의 성장 이야기처럼 보이지만, 사실은 중남미의 아픈 역사를 위로하는 영화가 아닐까요?

무엇을 위해 선거에서 이기려 하나

정치, 이상과 현실 사이

대한민국 헌법은 "대한민국은 민주공화국이다."로 시작합니다. 이는 곧 국민이 나라의 주인이고, 국민이 선거를 통해 선출한 대표자가 국민의 권리와 이익을 위해 국정을 운영한다는 뜻입니다. 따라서 대통령, 국회의원을 뽑는 선거철이 되면 온 나라가 들썩입니다. 후보들은 저마다 자신이 적임자라고 외치는데, 과연 누구 손에 나랏일을 맡길지 헷갈립니다. '선거는 최선이 아닌 차선의 후보를 선택하는 것'이라는 말이 있습니다. 국민의 마음에 쏙 드는 이상적인 정치인은 없으니, 조금이라도 더 나은 후보에게 투표권을 행사해 정치가 나아지게 해야 한다는 뜻입니다. 하지만 지난 제20대 대통령 선거 때는 최악 대신 차악을 선택해야 한다는 말까지 나올 정도로 대통령 후보들에 대한 유권자들의 반감이 짙었습니다.

민주주의는 이상적인 정치제도지만 허점이 많습니다. 누구든지 민주주의의 맹점을 악용할 수 있습니다. 유권자들은 선거에서 제아무리 이성적으로 판단하려 해도 감정에 휘둘리기 쉽습니다. 인류 역사상 최악의 전범(戰犯)으로 꼽히는 아돌프 히틀러 Adolf Hitler가 집권할 수 있던 계기도 선거였습니다. 그가 이끌던 나치●는 정치적 선동에 능통해 제1차 세계대전 패전으로 나락에 빠졌던 독일 국민의 마음을 사로잡았고, 그 결과 히틀러는 놀랍게도 쿠데타가 아닌 민주적 절차를 거쳐 권력을 잡았습니다.

정치인들은 늘 국가와 국민을 위해 몸 바쳐 일하겠다고 하지만, 누가 정말 믿을 만한 사람인지 알기는 어렵습니다. 유권자는 정치인의 가짜 이미지에 속기도 하고, 권모술수에 넘어가기도 합니다. 정치권이라는 진흙탕 속에서 살아남아 뜻을 펼치기 위해서는, 올바른 국가관과 민주주의에 대한 확고한 철학을 지닌 정치인조차 때로

● **나치** 히틀러를 당수로 한 독일의 파시스트당. 1919년에 결성되어 반민주 · 반공산 · 반유대주의를 내세운 독일 민족지상주의와 강력한 국가주의를 바탕으로 1933년에 정권을 잡고 독재 체제를 확립하였으며, 1939년 제2차 세계대전을 일으켰으나 1945년에 패전과 함께 몰락하였다.

비겁한 책략을 쓰기도 합니다. 하지만 아무리 의도가 좋다고 해도 모든 수단이 용인될 수는 없습니다.

영화 〈킹메이커〉는 1960~1970년대를 배경으로 고(故) 김대중 전 대통령과 그의 선거 전략가였던 엄창록의 이야기를 모티프로 한 작품입니다. 영화는 이상과 현실 사이에서 정치인이 어떻게 균형을 잡아야 옳은지 질문을 던집니다.

정치에서 빠질 수 없는 권모술수

'서창대'는 두뇌 회전이 빠른 사람입니다. 그는 목표를 위해서라면 수단과 방법을 가리지 않습니다. 이북 출신으로, 반공주의가 강했던 당시 남한 사회에서 차별받으며 살아온 그는 신예 정치인 '김운범'을 마음에 두고 있습니다. 확고한 정치 철학을 바탕으로 현실에 타협하지 않는 그의 모습에 매력을 느낀 것이죠. 그와 함께라면 대한민국에 민주주의를 정착시키고 세상을 바꿀 수 있을 거라 여긴 서창대는 김운범을 돕는 참모가 되기를 자처합니다.

김운범은 지나친 원칙주의자여서 그런지 한 번도 국회의원에 당선된 적이 없습니다. 사람들에게 '빨갱이' 취급을 받아도 이를 바로잡으려 하지도 않죠. 서창대는 그런 김운범이 답답합니다. 그는 김운범에게 정치적 이상을 실현하려면 일단 국회에 입성해야 하고,

2=김운범
신민당
2=김운
신민당

의원 당선 이력을 쌓아야 한다고 조언합니다. 그의 뜻대로 바른 정치를 실현하기 위해선 지저분한 방법도 동원해야 한다고 덧붙이죠.

선거운동 과정에서 서창대는 온갖 기발한 술수를 펼쳐 냅니다. 선거에서 이길 수만 있다면 야비한 행동도 서슴지 않습니다. 김운범은 일단 치열한 선거전에서 이기기 위해 서창대의 방식을 묵인합니다. "이기셔야 그 대의를 이룰 수 있는 것 아니겠습니까!"라는 서창대의 말에 어느 정도 수긍한 것이죠.

이후 김운범은 서창대의 도움으로 국회의원이 되지만 그와 적당히 거리를 둡니다. 서창대는 이전투구(泥田鬪狗)●의 장이라고 할 수 있는 선거 과정에서 분명 유용한 참모지만, 제대로 된 정치를 하는 데 있어선 독으로 작용할 인물이라고 생각했기 때문입니다.

이기는 것만이 능사인가

김운범은 전국적으로 화제가 된 선거에서 승리하며 유력 정치인으로 거듭나고, 야당의 대선 후보를 가리는 경선에 나갈 정도로 정치권에서 위상이 높아집니다. 하지만 나이도 40대로 젊은 편인 데다, 경선에서 1위를 차지할 수 있을지 의문이 들 정도로 존재감이

● **이전투구** '진흙탕 속에서 싸우는 개'라는 뜻으로, 자기의 이익을 위해 비열하게 다툼을 비유적으로 이르는 말.

약한 편입니다. 이에 동년배인 야당 국회의원 '김영호'가 40대 기수론•을 내세워 함께 출마하자며 김운범을 설득합니다. 김운범과 야당 내 또 다른 40대 정치인까지 대선 후보 경선에 나서면서 판세는 세대교체 쪽으로 기웁니다.

영화는 이 대목에서 야당 내 정치인들이 펼치는 각종 정치적 책략들을 보여 줍니다. 이들은 서로 대선 후보가 되기 위해, 후보가 되지 못한다면 야당의 의사 결정권자인 총재 자리라도 차지하기 위해 경쟁 후보를 압박하고 회유하며 상대와 남모르게 뒤에서 거래하기도 합니다. 이는 국민의 의사나 권익을 위한 일과는 언뜻 거리가 멀어 보이죠. 비열하고 졸렬해 보이기도 하지만 이를 잘못됐다고만 말할 수 있을까요? 간접민주주의는 선거를 통해 국민의 손으로 선출된 이들이 여러 협상을 통해 민심을 최대한 반영하는 과정입니다. 그 안에서 펼쳐지는 정파들의 이합집산은 어쩔 수 없는 정치적 현상입니다. 단, 어디까지나 법과 상식을 지키는 선에서 말이죠.

이후 김운범은 야당 대선 후보에 당선되며 대통령 선거를 향한 본격적인 행보에 나섭니다. 그리고 김운범과 서창대 사이에는 조금씩 갈등의 골이 생기기 시작합니다. 서창대가 도를 넘는 술책을 꺼

40대 기수론 1971년 제7대 대통령 선거 후보 지명전에 나서면서 당시 신민당 김영삼 의원이 야당 대통령 후보의 조건과 자격에 관해 주창한 논리. 국민에게 활기 있는 이미지를 심어 주려면 40대 기수(旗手, 사회 활동에서 앞장서서 이끄는 사람을 비유적으로 이르는 말)에게 리더십을 넘겨줘야 한다는 내용이다.

내 들 때마다 김운범은 종종 이런 말을 합니다. "자네는 아직 준비가 덜 됐구먼." 김운범은 무엇에 대한 준비인지 명확히 언급하지 않지만, 이것이 그가 정치를 하는 이유인 것으로 보입니다. 서창대는 늘 이기는 게 중요하다고 하는데, 정작 왜 이겨야 하는지는 잘 모르고 있다고 지적하는 듯하죠. 비열한 술수로 선거에서 이기면 과연 정통성 있는 정치인으로서 국민을 위한 정치를 할 수 있겠냐는 나무람일 것입니다. 영화에서 야권의 유력 정치인이 정치를 가리켜 "왼손으로 짱돌 쥐고 오른손으로 악수"하는 것이라 일컫는 장면이 나옵니다. 아무리 정치가 그렇다 하더라도, 김운범은 지켜야 할 선이 있다고 말하려 하는 듯합니다.

일련의 사건으로 서창대에게 크게 실망한 김운범은 그를 캠프에서 내칩니다. 서창대는 복수심에 김운범과 대선에서 맞붙게 될 상대편인 현직 대통령 진영으로 넘어갑니다. 그리고 지역감정을 조장하는 술수를 써 현직 대통령을 당선시키는 데 앞장섭니다. 결국 선거에서 이기긴 했지만, 서창대로 인해 지역감정이라는 망국병의 씨앗이 정치권에 심어지게 되죠.

영화 초반에 서창대는 김운범에게 자신을 써 달라는 내용의 편지와 함께 애기똥풀을 보냈습니다. 애기똥풀은 독성이 있어 함부로 먹어서는 안 되지만 잘 쓰면 약이 되는 약재이기도 합니다. 이는 양날의 칼이 될 수 있는 서창대라는 인물을 비유적으로 표현하는 소재입니다. 어쩌면 정치의 본질을 나타낸 것이라고도 할 수 있죠. 정치는 일면 해악을 지니고 있기도 하지만 국민과 국가를 위한다는 목적과 진정성을 잃지 않는다면 결국 많은 이들에게 도움이 되는 일이니까요. 과연 우리는 선거 때 어떤 후보를 선택해야 할까요? 각종 가림막을 걷어 내고 누가 진정으로 국민과 국가를 생각하는지, 선거에서 이기는 것만이 목표가 아니라 그 이상의 뜻을 품고 행동하는 후보는 누구인지 따져 본다면 선택이 좀 더 수월해지지 않을까요?

Title ▸ One second · 〈원 세컨드〉 · 2020
Director ▸ 장이머우
Cast ▸ 장이(장주성 역), 류하오춘(류가녀 역)

공동체는 강제로
만들어지지 않는다

혼란의 시대

중국에는 한때 인민공사(人民公社)라는 게 있었습니다. 1958년 당시 중국 국가 주석 마오쩌둥毛澤東이 만든 농촌 행정 경제의 기본 단위로, 그는 대대적인 경제성장 운동인 '대약진운동'을 실시하면서 인민공사를 만들었습니다. 여러 세대가 토지를 공유하며 함께 농사를 지어 생산량을 늘리자는 의도였죠. 논밭에 물을 대고 빼는 관개시설 등 농사에 필요한 것들을 공동으로 개발하고 유지하면 생산성은 물론 효율성이 높아지리라 판단한 거예요. 당시 중국 정부가 기획한 인민공사는 무엇보다도 공동 생산, 공동 분배라는 공산주의 이념에 부합했습니다.

인민공사라는 테두리 안에서는 농산물 생산과 소비뿐 아니라 교육과 상업, 정치, 군사 활동 등이 가능했습니다. 간단히 말하면 인민공사는 국가 주도로 만들어진 하나의 공동체라 할 수 있습니다. 겉보기에는 이상적인 제도 같았지만 농민들의 노동 의욕은 갈수록 떨어졌고, 이에 따라 농산물 생산량도 감소했습니다. 열심히 일해서 더 많은 수익을 남기겠다는 목표가 사라졌으니 당연한 결과였죠.

대약진운동과 인민공사가 실패로 돌아가면서 권좌에서 밀려날지 모른다는 위기감을 느낀 마오쩌둥은 대책을 모색하기 시작했습니다. 그는 전근대적인 문화와 관습을 자본주의와 봉건주의의 유물로 규정하고, 이를 타파하자고 주장했습니다. 그리고 이를 위해 청년들이 앞장서야 한다고 목소리를 높였죠. 1966년 청소년으로 구성된 홍위병(중국 문화대혁명●의 한 추진력이 된 학생 조직)이 전국 각지에서 조직되고, 이들은 마오쩌둥의 지시를 따르게 됐습니다. 중국 전역을 10년 동안 뒤흔든 문화대혁명의 시작이었습니다. 마오쩌둥의 권력은 강화됐고, 그의 뜻을 거스른 많은 정치인과 관료, 학자 등이 자리에서 쫓겨나거나 죽임을 당했습니다. 중국 사회는 혼란에

● **문화대혁명** 1966년부터 1976년까지 10년간 중국의 최고 지도자 마오쩌둥에 의해 주도된 대규모의 권력투쟁. 전근대적인 문화와 자본주의를 타파하고 사회주의를 실천하자는 운동이다.

빠졌고, 인민공사는 존속됐습니다. 영화 〈원 세컨드〉는 문화대혁명의 막바지 시기를 배경으로, 중국의 현실과는 동떨어진 이상을 에둘러 비판합니다.

그는 왜 영화를 보고 싶어 할까

중년 사내 장주성은 필사적으로 영화를 보려고 합니다. 6년 전 헤어져 보지 못한 딸이 영화 시작 전 상영되는 중화 뉴스에 등장한다는 소문을 들었기 때문입니다. 그 당시 중국에서의 영화 상영 방식은 지금과 전혀 달랐습니다. 담당자가 영화 필름을 들고 어느 지역을 방문하면, 해당 지역의 영사 기사가 이를 상영하는 식이었죠. 사람들은 영화를 취향대로 골라 볼 수 없었고, 영화 상영 횟수도 한정됐습니다. 담당자를 따라 이동하면 영화를 볼 수 있으리라 생각하던 차에, 장주성은 한 소녀가 담당자의 오토바이에서 필름 통 하나를 훔쳐 달아나는 모습을 목격합니다. 딸의 얼굴이 들어간 필름일지도 모른다는 생각에 그는 소녀를 쫓아가 필름 통을 빼앗고, 소녀는 다시 필사적으로 필름 통을 되찾으려고 고군분투합니다.

장주성은 소녀와 옥신각신하며 그녀가 왜 필름을 가지고 싶어 하는지 사연을 듣게 됩니다. 류가녀라는 이름을 지닌 이 소녀는 동생과 함께 고아나 다름없는 처지로 살고 있습니다. 형편이 어려운

이들은 필름으로 만든 전등갓을 빌렸다가 실수로 태워 버리는 바람에 동네 불량배들에게 협박받던 중, 돈이 없으니 필름을 훔쳐 전등갓을 만들 생각을 했던 겁니다. 소녀의 사정은 딱하지만 장주성은 필름을 양보할 수 없습니다. 딸을 볼 수 있는 유일한 기회니까요.

우여곡절 끝에 필름을 얻은 장주성은 이를 지역 영사 기사에게 전합니다. 그런데 사고가 발생합니다. 영사 기사의 아들이 필름 통들을 수레에 실어 옮기다가 그만 필름이 풀려 뒤엉키고 오염돼 버린 거예요. 장주성은 주민들의 도움을 받아 필름에 뒤덮인 먼지를 씻어 내고, 엉킨 필름을 풀어냅니다. 장주성만큼은 아니지만 주민들역시 영화를 간절히 보고 싶었던 것이죠. 비록 이미 여러 차례 상영된 것들이고, 정부가 국가 이념을 인민들에게 주입시키기 위한 목적으로 제작한 선전 영화이지만 월례 행사와도 같은 영화 관람이 주민들의 유일한 오락거리이기 때문입니다. 이후 사람들은 함께 영화를 보며 울고 웃고 노래하고 떠들며 즐거워합니다. 그렇게 영화를 통해 하나가 되는 듯한 경험을 합니다.

가족처럼, 다시 만나다

처음에 장주성은 류가녀에게 매몰차게 굴었습니다. 딸을 볼 수 있는 유일한 기회를 방해하는 인물이었으니까요. 하지만 어린 동생을 키우며 어렵게 살아가는 그녀의 처지를 알고 나니 점점 마음이 쓰입니다. 오랫동안 보지 못한 딸의 모습을 류가녀에게서 발견한 것인지도 모르죠. 장주성은 마침내 딸의 얼굴이 담긴 영화를 상영할 수 있게 되자, 류가녀에게 그를 괴롭히는 불량배들이 누구인지 알려 달라고 합니다. 그리고 마치 아버지나 삼촌처럼 불량배들을 찾아가 류가녀를 건드리지 말라고 경고합니다. 이후 그는 영사 기사의 도움을 받아 필름으로 만든 전등갓을 류가녀에게 선물하기도 합니다. 장주성을 못된 어른이라 여기며 경계하던 류가녀도 조금씩 마음이 풀립니다. 딸이 담긴 영상을 보기 위해 노동 교화소●에서 탈출했던 장주성이 다시 잡혀 들어가자, 류가녀는 그를 뒤쫓아가 진심으로 감사 인사를 전합니다. 맨 처음 악연으로 엮였던 두 사람은 그렇게 서로를 향해 조금씩 마음을 열고, 결국에는 친밀한 사이가 됩니다.

장주성과 영사 기사의 관계도 엇비슷합니다. 처음엔 장주성을 경계하고 하대하던 영사 기사는 장주성의 사정을 알게 된 뒤 그의 딸이 나오는 장면을 반복해서 볼 수 있게 해 줍니다. 딸 모습이 담긴 필름을 잘라, 체포된 장주성의 웃옷 주머니에 넣어 주기도 하고요.

● **노동 교화소** 중국에서 노동 교화제에 처해진 이들이 가는 곳으로, 우리나라의 교도소에 해당한다. 노동 교화제는 범죄인으로 취급할 정도는 아닌 위법행위가 있으면 행정 당국이 정식 재판을 거치지 않고서도 최장 4년간 인신을 구속하고 강제 노동과 사상 교양을 시키는 처벌로, 1957년 도입됐다.

사실 영사 기사에게는 아들과 관련해 애끓는 사연이 있었습니다. 아들이 어린 시절 필름 세척액을 잘못 마셨다가 지능에 문제가 생긴 것이죠. 자식을 향한 부모 마음을 누구보다도 잘 알기에 장주성에게 작은 동정심이 일었던 것입니다.

사람은 결코 홀로 살 수 없습니다. 우리가 공동체를 형성하는 것은 함께 더불어 살기 위해서입니다. 이상적인 공동체는 어떤 모습일까요? 구성원들이 저마다 평등한 관계를 유지하며 서로를 위해 행동하는 집단일 겁니다. 이는 법과 제도 등으로 강제한다고 되는 일이 아닙니다. 결국 마음이 하는 일이니까요. 공동체는 정서적인 교류와 친목의 과정을 통해 구축되고 더 단단해집니다. 공통된 목표를 형성하고 이에 도달하기 위해서도 구성원 간의 굳건한 믿음이 바탕이 돼야 합니다. 〈원 세컨드〉에서 주민들이 영화를 보기 위해 앞다퉈 나와 질서정연하게 필름 세척을 돕는 장면은 상징적입니다. 인민공사 같은 조직을 만들어 공동 생산과 분배를 강제하지 않아도, 동기만 있다면 구성원들이 무엇이든 함께 추진하고, 거기서 얻은 결실을 서로 나눌 용의가 있다는 사실을 보여 주죠.

필름에서 장주성의 딸이 나오는 장면은 단 1초(one second)에 불과합니다. 짧디짧은 시간이지만 그 1초가 장주성과 류가녀를 이어 줬습니다. 사람과 사람이 연결돼 공동체를 형성하는 데 필요한 시간은 단 1초로도 충분합니다. 진심을 나누기만 한다면 말이죠. 이것이야말로 〈원 세컨드〉가 전하려는 메시지 아닐까요?

이념보다
더 강력하고 뜨거운

둘로 나뉜 재일 동포 사회

여러분은 민단이나 조총련이라는 이름을 들어 본 적 있나요? 아마도 낯선 단어들일 겁니다. 요즘은 많이 언급되지 않지만, 1990년대 초반까지만 해도 뉴스나 신문에서 흔히 접할 수 있었답니다. 두 단어는 모두 줄임말입니다. 민단은 '재일본 대한민국 민단'을 줄인 말로 일본에 거주하는 재일 동포 가운데 대한민국을 지지하는 이들로 구성된 민족 단체입니다. 조총련은 '재일본 조선인 총연합회'의 약칭으로, 재일 동포 중에서 북한을 지지하는 성향을 지닌 사람들의 단체죠.

과거 일본이 한반도를 식민 통치하던 일제강점기, 많은 조선 사람들이 일본열도로 건너갔습니다. 일자리를 찾아 대한해협을 건넌 이들의 행렬은 계속 이어져, 1945년 광복 무렵 일본에 거주하던 조선 사람들은 약 200만 명에 달했다고 합니다. 독립 이후 광명을 되찾은 조국으로 대부분 돌아왔으나, 일본 땅에 남은 이들도 적지 않았습니다.

한반도는 일제의 지배에서 벗어났으나 남에는 미군이, 북에는 소련(1922년부터 1991년까지 존재했던, 최초의 사회주의 연방 공화국)군이 주둔하면서 첨예한 이데올로기(사회 집단에 있어 사상, 행동, 생활 방법을 근본적으로 제약하는 관념이나 의식의 체계) 대립이 시작됐습니다. 일본에 남아 있던 동포들 역시 한반도의 격류에서 자유롭지 못했습니다. 자신들의 권리와 이익을 대변해 줄 조직의 필요성을 느낀 이들은 단체를 결성하기 시작했어요.

이후 한반도 남쪽에는 대한민국이, 북쪽에는 조선민주주의인민공화국이 각각 설립되면서 재일 동포 사회에서도 분열이 일어났습니다. 민단은 남한의 지원을 받는 단체로, 조총련은 북한과 연계된 단체로 자리를 잡았죠.

6·25 전쟁을 거쳐, 전 세계가 미국과 소련을 중심으로 자본주의 진영과 공산주의 진영으로 나뉘어 대립하는 냉전 시대가 찾아오면서 민단과 조총련 역시 날카롭게 맞섰습니다. 민단에 소속된 재일

동포는 대한민국 국적으로, 조총련에 소속된 이들은 조선 국적• 으로 일본에서 살게 됐습니다. 그러다 1991년 소련의 해체로 냉전이 끝나고, 남북한 사이의 체제 경쟁에서 남한이 우위를 점하게 됐어요. 냉전 시절 민단보다 막강한 규모와 세력을 자랑하던 조총련은 힘을 많이 잃었습니다. 오늘날 일본에는 민단 소속 동포가 압도적으로 많습니다.

다큐멘터리 영화 〈수프와 이데올로기〉는 이런 역사적 배경을 다룬 작품입니다. 영화를 만든 양영희 감독은 재일 교포 2세로, 그의 부모는 조총련 핵심 활동가였습니다. 감독은 가족의 사연을 들추며 한국 현대사의 아픔을 돌아봅니다.

어머니가 그토록 조총련을 지지했던 이유

영화는 양 감독의 어머니 강정희 씨를 중심으로 펼쳐집니다. 강씨는 몇 해 전 세상을 떠난 남편과 함께 과거 조총련 오사카 지부에서 핵심적인 역할을 했습니다. 부부는 막내딸인 양 감독의 세 오빠

• **조선 국적** 일본이 제2차 세계대전에서 패전한 후인 1947년 모든 재일 동포에게는 조선 국적이 주어졌는데, 이는 해방 이전 우리나라의 마지막 국호가 조선이었기 때문이다. 1965년 한일 국교 정상화가 이뤄지고, 영주권 자격을 얻고 싶은 사람들은 국적을 '한국'으로 선택했지만, 정치적으로 북한을 지지하거나 조국의 분단을 인정하고 싶지 않았던 이들은 '조선' 국적을 유지했다.

를 북송 사업●의 일환으로 북에 보낼 만큼 북한 정권을 향한 충심을 보였습니다. 그간 일본에 살며 온갖 핍박을 받아 온 이들은 일본인을 향한 거부감이 컸습니다(북한은 일본과 수교하지 않아, 조선 국적을 지닌 재일 동포는 생활에 여러 불이익이 많습니다). 막내딸에게 일본 남자는 사위로 절대 데려오지 말라고 누누이 말해 오기도 했죠.

시간이 흘러 양 감독은 어머니께 인사시킬 결혼 상대자를 집으로 데려옵니다. 그는 아라이 카오루라는 일본인입니다. 양 감독은 어머니가 일본인 사윗감에 어떤 반응을 보일지 내심 걱정합니다.

하지만 우려가 무색할 만큼 강 씨는 예비 사위가 집에 찾아올 거라는 이야기에 전날 밤부터 그에게 대접할 삼계탕을 정성스레 준비합니다. 예비 사위는 삼계탕 한 그릇을 맛있게 비워내고, 세 사람은 식탁에 둘러앉아 얼굴을 맞대고 웃으며 도란도란 이야기꽃을 피웁니다.

이후 양 감독은 카오루 씨와 무사히 결혼식을 올립니다. 아들 셋을 모두 북으로 보내고 하나 남은 딸이 배우자를 맞이해 한시름 놓여서일까요? 알츠하이머병이 심해지기 전에 기억을 남기고 싶어서였을까요? 어머니는 70년 가까이 품고 있던 비밀을 딸에게 털어놓습니다.

어려서부터 양 감독은 조총련 활동에 열성인 부모를 좀처럼 이해하지 못했습니다. 아버지가 아무리 조총련 핵심 간부라고 해도 오빠 셋 모두를 꼭 북한으로 보내야만 했나 의문을 품었습니다. 오빠들이 사는 평양을 다녀오고선 원망까지 생겼습니다. 그들이 일본에서 살았다면 좀 더 자유롭고 안락하게 꿈을 펼칠 수 있었을 거라는 회한이 들었기 때문입니다.

〈수프와 이데올로기〉에는 어머니 강 씨가 그토록 조총련을 열렬히 지지할 수밖에 없던 이유가 드러납니다. 오사카에서 태어났던 강 씨는 고향을 그리워한 부모를 따라 제주로 이주해 제주에서 살았습니다. 그런데 스물이 채 되지 않은 어린 나이에 강 씨는 제주 4·3 사건●의 참상을 겪습니다. 약혼자를 비롯해 무고한 가족과 이웃들이 군경 토벌대에 목숨을 잃는 장면을 지켜봤습니다.

이후 1948년 강 씨는 살기 위해 일본으로 밀항해 오사카에 자리 잡고, 그곳에서 지금의 남편을 만나 결혼했습니다. 일본 땅에 정착한 그가 민단과 조총련 중 하나를 선택한다면 어느 쪽이었을까요? 이해할 수 없는 이념을 뒤집어씌워 죄 없는 국민을 마구잡이로 학살하는 정부가 지원하는 단체를 택할 수 있었을까요?

●　**제주 4·3 사건**　1947년 3월 1일 경찰의 발포 사건을 기점으로, 1948년 4월 3일 남로당 무장대가 무장봉기한 이래 1954년 9월 21일까지 제주도에서 발생한 무장대와 토벌대 간의 무력 충돌과 그 진압 과정에서 많은 제주 주민들이 희생당한 사건이다.

해방 이후 분단된 고국 중 재일 동포에게 더 많은 관심을 보인 건 북한이었습니다. 또 1960년대까지만 해도 재일 조선인 사회에서 북한이 남한 정권에 비해 상대적으로 경제적 우위와 정통성을 겸비한 것처럼 비치기도 했고요. 조총련이 한때 민단을 압도했던 이유도 어느 정도 짐작할 만합니다.

이데올로기보다 힘이 센 것

지난 2018년, 제주 4·3 사건 70주년 추념식이 제주에서 열렸습니다. 영화에서 양 감독과 남편 카오루는 강 씨를 모시고 제주를 방문합니다. 강 씨로선 70년 만에 고향을 찾는 겁니다. 오랜만에 밟는 고국 땅이 낯설게 느껴진 걸까요, 아니면 과거의 끔찍한 기억이 떠오른 걸까요? 제주 공항에 도착한 강 씨는 말이 없습니다.

양 감독은 어머니와 함께 4·3 사건 기념관을 찾았다가 수많은 위패를 보고 깜짝 놀랍니다. 어머니가 밀항 전 걸었을, 시체가 즐비했을 길을 걸으며 끝내 울음을 터트립니다. 가족의 고난이 한반도 현대사의 아픔에 뿌리 두고 있음을 비로소 깨달은 것입니다. 양 감독 부모님이 조총련 활동에 열성을 다했던 건 단지 이데올로기에 도취됐기 때문만은 아니었습니다. 그렇게 양 감독은 비로소 아버지와 어머니의 삶을 이해하게 됩니다.

영화의 제목 속 수프는 중의적입니다. 이는 장모 강 씨가 일본인 사위에게 끓여 준 삼계탕을 의미하는 동시에 이데올로기보다 앞서는 인간의 온기를 뜻하기도 합니다. 영화는 수프로 표현된 인간의 정이 이념보다 훨씬 뜨겁다는 메시지를 넌지시 던집니다. 미키마우스 티셔츠를 입은 카오루 씨가 강 씨 집에 걸린 김일성·김정일 사진을 보는 장면은 꽤 상징적입니다. 미키마우스는 미국 자본주의 문화의 아이콘으로, 반미와 민족주체성을 강조한 북한 최고 지도자들과 한 공간에 같이 있기 힘든 존재입니다.

서로 가까워지기 힘들 거라 예상됐던 조총련 전 간부 강 씨와 일본인 사위 카오루가 수프로 서로에게 마음을 연 상황을 은유적으로 보여 주는 대목이지요. 수프로 표현된 인간의 온기가 이데올로기보다 더 강하다는 걸 말없이 웅변하는 장면이라 할 수 있습니다.

외세의 개입과 이념 싸움으로 분단된 채 휴전 상태로 70년 이상 대립하고 있는 남한과 북한은 서로에게 문호를 개방하고 공존할 수는 없을까요. 이데올로기를 뛰어넘는 인류애가 양쪽이 조금 더 가까이 다가갈 수 있는 계기를 마련해주지 않을까요. 한 가족의 신산한 과거를 돌아보는 〈수프와 이데올로기〉에 어쩌면 남북 관계 개선의 실마리가 담겨 있을지도 모르겠습니다.

2

지켜 낼 것이
있는 사람들의 이야기.

Title ▸ The Batman · 〈더 배트맨〉 · 2022
Director ▸ 맷 리브스
Cast ▸ 로버트 패틴슨(브루스 웨인/배트맨 역), 폴 다노(리들러 역),
조 크라비츠(셀리나 카일/캣우먼 역), 앤디 서키스(알프레드 페니워스 역)

복수의 화신은 어떻게
정의의 사도가 됐나

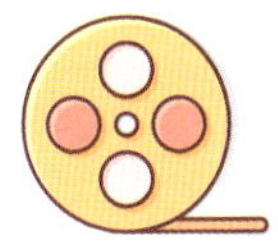

우리가 알던 배트맨이 아니야

영화 〈더 배트맨〉의 주인공 브루스 웨인은 가상의 도시 고담시의 유명 인사입니다. 부모에게 물려받은 막대한 부를 바탕으로 사업가로 활동하고 있죠. 그런 그에게는 비밀이 하나 있습니다. 밤마다 남몰래 배트맨으로 변신해 박쥐를 형상화한 복장으로 범죄자들을 응징한다는 거예요. 포유류이면서도 새처럼 날아다니는 박쥐처럼 그는 완벽한 이중생활을 하고 있습니다.

언뜻 웨인은 정의의 사도처럼 보입니다. 영화 초반에는 배트맨으로 변신한 그가 지하철역에서 불량배들에게 집단 구타를 당할 위기에 처한 아시아계 미국인을 구원해 주는 장면이 나와요. 그런데 한편으로 이런 행동을 하는 진짜 의도가 무엇인지 조금 의심스럽습니다. 그가 그저 자신의 욕구를 해소하기 위해 범죄자들을 찾아다니는 것처럼 보이기도 하거든요. 불량배들을 실컷 혼내 준 뒤 한다는 말이 "나는 복수다(I'm vengeance)."였죠. 정말 웨인은 정의를 실현하기 위해 묵묵히 음지에서 활약하는 걸까요?

사실 웨인에게는 커다란 마음의 상처가 있습니다. 그는 어렸을 적 부모님이 강도에게 살해당하는 모습을 두 눈으로 목격했습니다. 부모님은 좀 더 나은 세상을 만들기 위해 노력했던 선량한 이들이었기에, 웨인은 좀처럼 부모님의 죽음을 받아들일 수 없습니다. 이런 이유로 그는 불특정 다수의 범죄자를 향한 복수심에 휩싸인 채 배트맨으로 변모해 범죄를 추적하고 죄를 심판하는 듯합니다. 그래서인지 웨인의 집안에서 오랫동안 집사로 일해 온 인물이자, 그의 이중생활을 알고 있는 알프레드는 늘 우려 섞인 표정으로 웨인을 바라봅니다. 알프레도와 웨인의 사이는 그리 원만하지 않아 보이죠. 〈더 배트맨〉 속 배트맨은 그간 우리가 익히 알고 있는 배트맨의 모습과 사뭇 다릅니다. 영화는 복수심에 가득 차 위태로웠던 한 인물이 정의를 위해 매진하는 진정한 영웅으로 변해 가는 과정을 그립니다.

수수께끼 같은 인물, 리들러

시장 선거를 앞둔 고담시에서 어느 날 큰 사건이 일어납니다. 재선을 노리던 현 시장이 집에서 잔인하게 살해된 거예요. '수수께끼를 내는 사람'이란 뜻의 리들러(riddler)라 불리는 범인은 배트맨 앞으로 알쏭달쏭한 편지를 남깁니다. 배트맨은 평소 알고 지내던 형사 고든의 요청으로 사건 현장을 방문합니다. 이후 범인을 쫓기 시작한 그는 살해된 시장이 평소 지하의 한 비밀 클럽을 즐겨 찾았다는 사실을 알게 됩니다. 알고 보니 그곳은 시장뿐 아니라 검사를 비롯한 고위층 인사들이 자주 드나드는 장소였죠. 한편 리들러는 경찰청장과 검사까지 연이어 살해하고, 그때마다 현장에 배트맨에게 보내는 수수께끼 같은 편지를 남겨 놓습니다. 배트맨은 고담시의 악명 높은 범죄자인 팔코네를 연쇄살인의 배후로 여기지만 그의 추측은 빗나갑니다.

리들러는 웨인처럼 어린 시절 부모를 잃고 고아원에서 자란 인물이었습니다. 그는 과거에 일련의 사건을 겪은 뒤 복수심에 휩싸인 채 살아왔습니다. 그리고 피의 복수를 통해 정의를 실현하고자 하죠. 고담시의 유력 인사들을 몰살시키고, 도시를 파괴해야 새로운 질서를 만들 수 있다는 위험천만한 망상에 빠져 있기도 합니다. 정도의 차이는 있으나 웨인은 리들러와 닮은꼴입니다. 리들러는 웨인에게 거울과도 같은 존재죠. 두 사람 모두 고아로 자랐다는 공통점이 있는 데다 복수심과 정의의 경계가 불분명해 보이니까요.

리들러가 고담시의 고위층을 복수의 대상으로 삼은 데에는 사연이 있습니다. 그가 고아원에 살던 시절, 사회 유력 인사들은 재개발 기금을 만들어 빈민을 구제하고 아이들을 돕겠다고 약속했습니다. 그에게는 이 말이 구원의 빛처럼 다가왔죠. 하지만 결국 이 약속은 지켜지지 않았습니다. 유력가들이 부정부패를 일삼는 통에 재개발 기금이 공중분해되고 만 거예요. 그는 크게 좌절했습니다. 웨인의 아버지가 고담 시장에 출마했던 시절의 일이기에, 리들러는 여기에 웨인의 아버지도 연루돼 있었다고 주장합니다. 이 말을 들은 웨인은 혼돈에 빠지죠. 정의롭다고 여겼던 아버지가 추악한 진실을 숨기고 있었을지도 모른다는 의심이 마음속에 싹트기 시작한 거예요. 정의의 사도와 악당 사이, 그 어딘가를 맴돌던 웨인은 정체성의 혼란을 더 크게 겪게 됩니다.

복수는 세상을 바꿀 수 없다

그러나 이내 아버지를 향한 웨인의 의심은 풀리게 됩니다. 웨인의 아버지가 재개발 비리 사건에 연루됐다는 리들러의 주장은 사실과 거리가 멀었죠. 이후 웨인은 리들러의 살인 행각을 막기 위해 고군분투하면서 한 가지 깨달음을 얻게 됩니다. 복수심으로 누군가를

응징하는 것은 진정한 정의가 아니라는 사실을 말이죠.

웨인은 리들러를 막아 세우고 위기에 빠진 고담시를 구하면서 진정한 영웅으로 거듭납니다. 그 과정에서 그동안 품어 왔던 고뇌와 마음의 짐을 어느 정도 덜게 되죠. 이전까지 배트맨으로서의 존재 가치를 스스로 납득하지 못했다면 마지막에 이르러서는 나름대로 답을 찾은 것입니다. 후속편이 나온다면 정신적으로 좀 더 안정되고 성숙한 모습의 배트맨이 등장하지 않을까 예상됩니다.

부모라는 그림자를 벗어나 거듭나는 또 다른 인물이 있습니다. 캣우먼으로 활동하며 친구에 대한 복수를 하려던 셀리나입니다. 셀리나는 웨인과 동전의 양면 같은 존재입니다. 선인이라 할 수도 없고, 악인으로 분류할 수도 없죠. 웨인처럼 선과 악의 경계에 서 있습니다. 셀리나는 마피아 두목 팔코네의 오른팔인 오즈(일명 '펭귄')가 경영하는 술집에서 일합니다. 공공연히 밝히진 않지만, 셀리나는 팔코네의 딸입니다. 아버지 밑에서 일하고 있는 셈이죠. 셀리나는 자신의 어머니를 살해한 팔코네에게 복수하고 싶은 마음이 있지만 용기를 내지 못합니다. 자신이 딸이라고 밝히지도 못하고요. 하지만 살해된 친구의 죽음 배후에 팔코네가 있다는 걸 깨달은 뒤, 잘못된 것들을 바로잡는 행동에 나섭니다. 팔코네라는 어둠을 극복하면서 셀레나는 자신의 정체성을 명확히 세운 듯합니다. 그리하여 함께 활동하자는 웨인의 제안을 거부하고 자기만의 길을 가겠다며 고담시를 떠납니다.

〈더 배트맨〉은 전형적인 히어로물보다는 탐정 추리극 형식을 도입한 범죄물에 가까운 영화입니다. 그간 다수의 영화에서 배트맨이 부와 명예를 모두 지닌 완벽한 인물로 묘사됐다면, 이 영화는 배트맨의 영웅적 면모보다는 어설프고 인간적인 모습을 더 많이 보여줍니다. 그는 자주 감정에 휘둘리며 실수도 저지릅니다. 또 스스로 선인지 악인지를 끊임없이 질문하며 고뇌하죠. 이런 그의 모습이 꽤 낯설게 다가올 수 있지만, 한편으로 지극히 현실적이기에 더 마음이 갈지도 모릅니다.

동이 트기 전이 가장 어둡다는 말이 있습니다. 끝나지 않을 것만 같던 어두운 밤도 언젠가 지나가고 찬란한 아침이 찾아오기 마련이죠. 이 말은 웨인에게도 해당합니다. 시련과 방황을 겪었기에 진정한 정의의 사도 배트맨으로 새롭게 거듭날 수 있었던 것 아닐까요?

Title ▸ 〈동주〉· 2016
Director ▸ 이준익
Cast ▸ 강하늘(윤동주 역), 박정민(송몽규 역), 김인우(고등 형사 역)

부끄러움의
정체

같은 청춘 다른 시각

정규 교육을 받은 한국인이라면 윤동주의 시 한 구절 정도는 낭송할 수 있을 것입니다. 특히 「서시」는 한국인이 가장 사랑하는 시로 손꼽히는 작품입니다. 일제강점기 불우한 청년기를 보내다 짧은 생을 마쳐야 했던 그의 삶 역시 우리에게 널리 알려져 있습니다. 영화 〈동주〉는 윤동주의 삶을 그의 동갑내기 고종사촌 송몽규와 함께 조명합니다.

동주와 몽규는 어려서부터 친한 친구처럼 자랐습니다. 두 가족이

북간도° 명동촌 한 동네에서 살았으니 사이가 가까울 수밖에요. 하지만 둘은 닮은 점보다 다른 점이 더 많습니다. 내성적이고 속내를 잘 드러내지 않으며 진중한 동주와 달리 몽규는 활달하고 직설적이며 생각이 급진적입니다. 두 사람의 유일한 공통점이라면 문학에 남다른 애정을 지녔다는 겁니다. 백석과 정지용의 시집을 서로 돌려 가며 읽을 정도니까요.

문학도로 한발 앞서간 것은 몽규였습니다. 스무 살 문턱에 《동아일보》 신춘문예에 당선된 것입니다. 생각지도 않은 일이었지요. 동주는 그것이 질투도 나고 부럽건만 몽규는 문학에는 더 이상 관심이 없습니다. 그 대신 독립운동과 사회주의에 시선이 닿았지요. 문학의 끈을 놓지 못하는 동주에게 몽규는 세상을 변화시키지 못한다면, 문학이 무슨 의미냐고 되묻기까지 합니다. 물론 동주는 몽규의 생각을 받아들이지 않습니다.

문학에 관한 동주와 몽규의 다른 인식은 연희전문학교에 입학하면서 더 두드러집니다. 두 사람은 문예지를 만드는데, 몽규는 되도록 시는 빼고 산문을 넣자고 합니다. 시는 너무 감상적이라 일제강점기라는 엄혹한 시절에 어울리지 않는다고 말이죠. 여기에 동주는 그답지 않게 화를 내며 반박합니다.

"시도… 자기 생각 펼치기에 부족하지 않아. 사람들 마음속에 있는, 살아 있는 진실을 드러낼 때 문학은 온전하게 힘을 얻는 거고 그 힘이 하나하나 모여서 세상을 바꾸는 거라고."

눈을 감아야만 갈 수 있는 시대

윤동주와 송몽규 두 사람이 나란히 연희전문학교에 입학한 시기는 1938년으로, 일제가 중일전쟁을 일으킨 다음 해입니다. 일제의 억압 통치가 아직 시작되지 않아 조선인은 조선 이름으로 불릴 수 있었고, 학교 수업도 조선어로 이뤄졌습니다. 영화 속 동주가 문학을 통해 사회 변혁을 이룰 수 있다고 꿈꾼 배경에는 다소 느슨했던 이 시기의 일제 식민 통치 정책이 있었을지도 모릅니다. 그러나 1940년대에 접어들면서 조선의 상황은 동주의 이상적인 생각이 무색할 만큼 급속도로 악화됩니다. 태평양전쟁이 발발하면서 일제는 조선인이 민족 정체성을 버리고 일본인처럼 되길 바랐고(내선일체), 동아시아인 모두가 일제를 중심으로 단결해 서양에 맞서야 한다는 주장(대동아공영권)을 내세웠습니다. 이 연장선에서 나온 것이 민족 말살정책입니다. 조선인들은 창씨개명, 곧 이름을 일본식으로 강제로 바꿔야 했으며 학교에서는 더 이상 조선어를 찾을 수 없게 됐습니다.

혼란스러운 시기 동주는 평소 존경하던 시인 정지용을 찾아갑니다. 정지용은 동주에게 위로보다는 현실을 일깨우는 말을 던지죠.

"시 그만 써. 창씨개명이라니. 일본 이름으로 일본 시를 쓰라는 거 아닌가… 연전(연희전문학교의 줄임말)에서도 조선어 교육을 못 한다고 할 텐데."

시를 아무리 사랑한들 일본어로는 차마 쓸 수 없는 청춘에게 1940년대는 모순의 시대입니다. 동주는 암담하기만 합니다. 그토록 사랑해 마지않는 시를 쓸 수도, 시집을 낼 수도 없다니요. 이런 상황에서 일본으로 건너가 공부를 더 하고 싶은 마음이 드는 자신이 부끄러워집니다. 시인이 되어 조선어로 마음껏 시를 쓰고 싶다는 동주의 꿈이 그렇게 대단한 것도 아닌데, 꿈과 현실의 간극은 너무도 큽니다.

동주가 고뇌할 때 몽규는 현실에서 대안을 찾습니다. 그는 가만히 있으면 일제의 전쟁터에 끌려갈 것이고, 그렇다고 독립운동을 하자니 총알받이가 될 신세라는 걸 잘 압니다. 어차피 죽을 바에 일본에서 무력 투쟁을 도모하겠다고 다짐하죠. 조선 유학생들을 상대로 강제징용이나 징병이 이뤄질 테니 여기에 반발하는 조선인을 모아 일제에 대항하겠다는 겁니다. 몽규와 동주는 다른 생각을 품고 각자 교토제국대학과 도쿄에 있는 기독교 계열 릿쿄대학에 입학합니다.

도쿄에서 동주는 영문학을 공부하며 두각을 나타냅니다. 일본인 교수 다카마쓰가 특별한 관심을 가지고 지도할 정도죠. 동주는 다카마쓰 교수를 통해 알게 된 쿠미와 우정을 나누기도 합니다. 쿠미는 동주의 시를 일본어 번역을 거쳐 영국에서 영어로 출간할 수 있도록 도와줍니다. 삶에 작은 빛이 깃드는 듯하나 시대는 동주의 행복을 허락하지 않습니다. 도쿄에서 군국주의 바람이 거세지자 동주는 교토 도시샤대학으로 적(籍)을 옮기죠. 그곳에서도 여전히 조선어로 시를 쓸 수 없어 동주는 몽규를 제 발로 찾아갑니다. 무장투쟁을 함께하겠다고요. 하지만 몽규는 동주의 참여에 반대합니다.

"니는 시를 계속 쓰라우. 총은 내가 들 거이니까."

무얼 바라 홀로 침전하는가

하지만 결국 동주와 몽규는 일본 형사에게 함께 체포되어 조사를 받습니다. 형사에게 동주는 애매한 존재죠. 몽규의 반란죄는 너무도 명확하지만 동주는 죄가 있는지 없는지조차 판단할 수 없었으니까요. 그러나 형사는 사실관계와 상관없이 동주와 몽규를 엮어서 둘 다 반역죄로 처벌하려고 합니다. 동주의 시 한 구절 한 구절에 트집을 잡아, 반역의 뜻이 담겨 있지 않냐며 혐의를 인정하라고 다그칩니다. 그런데 이어지는 형사의 말에 이상한 점이 있습니다. 형사는 시 내용이 사회 반란을 일으킨다고 지적하는 동시에 동주 같은 문학도들을 '싸구려 감상주의자'라고 매도합니다. 시가 사회 변화에 아무런 영향을 주지 못한다고 보는 것이죠. 윤동주의 시에서 죄를 찾으려 하면서도 정작 시가 아무런 힘이 없다고 여기다니, 형사의 생각과 태도는 모순 그 자체입니다.

영화는 이 지점을 파고들며 동주가 처한 현실을 은유합니다. 시를 쓰고 싶지만 쓸 수 없는 청춘, 그 청춘을 바라보는 일관되지 않은 사회. 청춘은 그 사회에서 할 수 있는 것이 없습니다. 형사의 조사가 진행될수록 동주의 얼굴에서 무력감이 새어 나오는 것은 이 때문일 겁니다.

한 점 부끄럼이 없기를

윤동주 시인의 작품을 관통하는 감정은 부끄러움입니다. 영화 속에서도 동주는 거듭 부끄러움을 언급합니다. 첫 부끄러움은 일제에 순응하는 삶에서 비롯됩니다. 스승 정지용이 일본 유학을 권하자 동주는 입 밖으로 부끄럽다는 말을 꺼내죠. 그런 그에게 정지용은 "부끄러움을 아는 건 부끄러운 게 아냐. 부끄러움을 모르는 놈들이 더 부끄러운 거지."라고 답합니다. 스승의 말에도 부끄러움이 가시지 않아서 동주는 남의 나라 육 첩 방에서 죄책감을 안고 학교를 오갑니다.

몽규의 무장투쟁을 지켜보면서, 일본 형사에게 취조를 당하면서 동주의 부끄러움은 더 복잡다단해집니다. 단순히 일제에 순응해서가 아니라 또래들이 조국 독립을 위해 목숨을 불사르는 와중에 시인을 꿈꾼다는 것이 사치 같아서, 그럼에도 펜을 놓을 수가 없어서 부끄럽습니다. 이런 자신에게 일본 형사가 반역죄를 뒤집어씌우려 하자 부끄러움은 분노가 되지요. 반역죄를 인정하라며 서명을 강요하는 형사에게 동주는 결국 이렇게 외칩니다.

"당신 말을 들으니까 부끄러운 생각이 들어서 못 하겠습니다. 이런 세상에 태어나 시를 쓰기를 바라고 시인이 되기를 원했던 게 너무 부끄럽고, 앞장서지 못하고 그림자처럼 따라다니기만 한 게 부끄러워서 서명 못 하겠습니다."

윤동주는 '죽는 날까지 하늘을 우러러 한 점 부끄럼이 없기를'(「서시」) 바란 시인입니다. '잎새에 이는 바람에도 나는 괴로워했다'라는 시구에서는 결벽이 느껴질 정도입니다. 그는 뭐가 그리 부끄러웠을까요. 나라를 잃고, 모국어로 시를 쓸 수 없는 현실 속에서 문학도로 생을 이어가서일까요. 아니면 현실을 바꾸기 위해 몸으로 행동한 고종사촌과는 달리 문약한 모습을 보였기 때문일까요. 우리나라에서 우리말을 자유롭게 쓰고, 모국어로 된 이름을 가질 수 있는 우리로서는 쉬이 가늠하기 힘든 감정입니다. 윤동주의 「쉽게 씌어진 시」가 제목과는 달리 쉽지 않아 반복해서 읽게 되듯, 동주의 삶을 되새김질하게 되는 건 이런 이유에서일까 하는 생각도 듭니다.

Title ▸ 〈삼진그룹 영어 토익반〉· 2020
Director ▸ 이종필
Cast ▸ 고아성(이자영 역), 이솜(정유나 역), 박혜수(심보람 역)

진짜
일을 잘한다는 것

학력이 높다고 능력 있고 정의로울까?

사람들은 세상을 구분 짓고 싶어 합니다. 국가나 민족, 지역, 계층 등에 따라 누군가를 평가하곤 하죠. 혈연이나 지연, 학연 역시 판단의 기준이 될 수 있는데, 자본주의사회에서는 돈이 가장 중요하게 적용될 가능성이 큽니다. 한국 사회는 어떨까요? 역시나 돈이 무시무시한 힘을 발휘하지만, 학력을 간과할 수 없습니다. 학력을 발판으로 재력을 쌓고 성공하는 경우가 많고, 유교의 영향인지 큰돈이 없어도 학력이 높으면 사회적으로 대우를 받곤 합니다.

학창 시절 열심히 노력해 학력을 쌓고, 좋은 학교를 나온 걸 문제 삼을 수는 없습니다. 하지만 과연 학력이 높다고 해서 능력 있다고 말할 수 있을까요? 최종 학력이 높은 이들이 정의 구현에 앞장선다고 단정 지을 수 있을까요? 우리는 아니라고 말하면서도 고정관념을 떨치기 힘듭니다. 〈삼진그룹 영어 토익반〉은 그런 고정관념에 새삼 이의를 제기합니다.

마이 드림 이즈 커리어 우먼

1990년대 중반, 서울 을지로에 자리 잡은 대기업 사옥으로 자영, 유나, 보람이 들어갑니다. 20대 후반의 세 여성은 삼진전자 입사 동기죠. 셋은 고등학교 졸업 후 전문직 여성으로 거듭나겠다는 꿈을 품고 사회생활을 시작했어요. 하지만 이들이 출근하자마자 하는 업무는 전문직과는 거리가 있어 보입니다. 전날 다른 사원이 야근하면서 남긴 음식물 쓰레기와 담뱃재를 치우고, 직원들 취향에 맞게 커피를 타고, 당일 신문을 회사 탁자에 펼쳐 두는 것이 아침을 여는 첫 업무입니다. 이들이 허드렛일 같은 아침 업무를 마치고서야 정장 무리가 사무실로 쏟아지죠. 정장 무리는 회사의 자금줄을 좌지우지하는 핵심 업무를 맡아봅니다. 옷차림도 다릅니다. 자영, 유나, 보람, 그리고 그 동료 직원들은 유니폼을 입고 있으나 뒤이어 들어

온 직원들은 자율적인 정장 복장입니다. 옷차림부터 업무의 성격까지 이토록 다른 이유, 이들을 가르는 기준은 다름 아닌 고졸이냐 대졸이냐 이른바 학벌입니다.

자영, 유나, 보람은 여자이고 고졸이니까 핵심 업무를 할 능력이 없는 걸까요? 세 사람은 고교 재학 시절 공부 실력이 남들 못지않았습니다. 자영은 누구보다 보고서를 잘 쓰고, 유나는 대졸 직원보다 아이디어가 반짝이며, 보람은 온갖 복잡한 회계 업무를 마치고도 시간이 남습니다. 이들은 집안 사정이 여의치 않아서, 대학 생활을 꿈꿀 사정이 안 되어 생계 전선에 일찍 나와야 했을 뿐입니다. 만약 실력대로 업무가 배정됐다면 이들의 업무는 결코 청소와 커피 타기가 아니었을 겁니다. 하지만 현실에서 이들은 승진하려면 별도로 (대졸 사원은 치르지 않는) 토익 시험을 치러야 하고 결혼 후 임신이라도 하면 회사를 떠나야 합니다.

회사에서 일을 잘한다는 것

자영은 대졸 직원 척동수 대리와 함께 상무 오태영의 심부름에 나섭니다. 옥주 공장에 있는 오태영의 짐을 서울 사옥으로 가져오는 일이었죠. 창업자의 아들인 오태영은 옥주 공장장을 지내다 서울 사옥으로 옮겨 온 지 얼마 되지 않았어요. 공장에 방문한 자영은 엄청난 사건을 목격합니다. 공장 하수구에서 강으로 폐수가 쏟아져 물고기들이 죽어 나가는 장면이었죠. 자영은 공장 폐수가 강으로 흘러 들어갔다는 사실을 회사는 몰랐을 것이라고 여깁니다. 이대로 두면 회사가 크게 곤란해질 것이라 걱정하죠. 그래서 공장 폐수 처리 문제를 설명한 보고서를 작성합니다. 고졸 사원인 자신의 이름으로는 보고가 올라갈 수 없으니 최동수 대리에게 보고서를 쥐어 주기까지 합니다. 회사는 그 서류를 검토한 후 폐수 방류 실태를 점검해 페놀이 유출되었음을 인정하고 주민들에게 피해 보상을 해 줍니다.

그런데 이 보상이 영 이상합니다. 회사가 주장하는 바에 따르면 강에 흘러간 페놀의 양은 아주 미미하다는데, 왜 마을 사람들은 암을 앓고 피부병을 앓고 임신부는 조산할 위기에 처한 걸까요? 자영은 마을 사람들이 겪는 피해에 비해 보상금이 너무 적은 것 같다는 느낌을 지울 수가 없습니다. 자영, 유나, 보람은 첩보 작전을 펼치듯 페놀의 진실을 파헤칩니다. 그리고 회사에서 누군가 일부러 페놀을 강에 방류했고 이를 덮으려 한다는 것을 알아내죠. 이 셋은 고졸에 여성이라는 이유로 회사에서 가장 차별받고 무시받고 있으며, 밥벌이 자리를 지키는 데 가장 절실한 입장이지만 양심을 지키기 위해서 해고될 위험을 감수합니다. 반면에 대졸 직원 대부분은 미동도 하지 않습니다. 오히려 자신의 안위를 위해 은근슬쩍 혹은 적극적으로 사건 은폐를 돕습니다.

여기서 우리는 한 가지 의문을 품게 됩니다. '정말 일을 잘한다는 것은 무엇일까?'라고요. 생계 보전을 위해 회사가 시키는 대로 영리하게 사건을 은폐하는 자가 일을 잘하는 것인지, 양심을 위해 회사 뜻과는 반대되지만 똑똑하게 진실을 파헤치는 사람이 일을 잘하는 것인지! 글로만 읽으면 쉬운 선택처럼 보이지만 영화는 직원들 개개인의 이야기를 보여 주면서 그것이 현실에서는 결코 간단히 판단될 수 없음을 시사합니다.

고졸 사원들 사이즈가 아닌데?

자영, 유나, 보람은 영특한 머리와 기발한 술수로 페놀 유출이 사장의 지시로 이뤄져 조직적으로 은폐된 사건임을 밝힙니다. 그런데 이를 언론사에 제보해 진실을 알리기 직전에 모든 것이 물거품으로 돌아갑니다. 권력을 앞세운 사장이 언론사의 입을 틀어막은 것입니다. 자영, 유나, 보람의 첩보 작전(?)도 회사에 들키고 말아요. 이들의 행적을 살핀 안기창 부장은 이렇게 말합니다.

"고졸 사원들 사이즈가 아닌데?"

이 말은 고졸 사원을 무시하는 동시에 자신들이 만든 유리 천장을 인정하는 발언이죠. 고졸 사원은 대졸 직원과 마찬가지로 유능할 수 있으나 이를 인정하지 않고 가로막는 건 회사였음을 저 한 문장으로 알 수 있습니다.

이후 자영은 회사에서 철저히 배척당합니다. 사무실도 업무도 배정받지 못한 채 복도에서 시간을 보내죠. 그러나 자영은 버티기로 승부합니다. 오히려 고졸 사원 동료들과 함께 대리 승진의 필수 조건인 토익 성적 600점 달성에 매진하죠. 사실 사장이 그토록 숨기고 싶었던 페놀 사건의 진실이 영어 보고서로 적혀 있거든요. 이들은 토익 공부를 빙자해 사장의 영어 보고서를 해석하고 그의 의도를 파헤칩니다.

이 시점에서 영화는 누군가의 능력은 학벌만으로는 알 수 없다고 말하던 것을 넘어 학벌을 앞세워 이기심과 욕심을 감춘 이들을 조망하기 시작합니다. 사장 빌리 박은 미국인입니다. 외모도 근사하고 미국 명문대를 졸업한 데다 이력이 화려하며 신사적이고 이성적인 언행을 선보이죠. 오 상무가 직원들 앞에서 행패를 부렸을 때도 정의의 사도처럼 나타나 상황을 깔끔하게 정리합니다. 하지만 자영이 입수한 영어 보고서에 의하면 그는 영악한 기업 사냥꾼이었어요. 페놀 방류 사건을 이용해 삼진전자를 싼값에 사고 일본 기업에 되팔려고 했죠. 이를 안 자영과 고졸 사원 동료들은 온 힘으로 그의 뜻을 저지합니다. 그리고 회사를 지키는 데 성공한 자영, 유나, 보람은 대리 승진에 이어 전문직 여성이 되겠다는 꿈을 이루는 데 성공합니다.

자영, 유나, 보람이 성공하는 영화 결말을 두고 어느 관객은 판타지 같다고 말하기도 합니다. 그런데 이걸 진정 판타지로만 만드는 이는 누구일까요? 성실히 공부하고 양심대로 열심히 근무하여 성과를 올리는 사회라면 고졸 사원의 승진은 판타지가 아니라 당연한 일이 될 것입니다. 영화 〈삼진그룹 영어 토익반〉은 그 당연함을 위해 우리가 버려야 할 고정관념은 무엇인지 되묻고 있지요.

Title ▸ Three Billboards Outside Ebbing, Missouri · 〈쓰리 빌보드〉 · 2017
Director ▸ 마틴 맥도나
Cast ▸ 프랜시스 맥도먼드(밀드레드 역), 우디 해럴슨(윌러비 역), 샘 록웰(딕슨 역)

폭력을
마주하는 법

광고 세 개

영화는 새벽안개가 낀 풍경으로 시작합니다. 한적한 도로변에는 낡은 대형 광고판 세 개만이 덩그러니 서 있습니다. 누가 이 광고판을 볼까 싶지만 밀드레드는 차를 몰다 말고 한참 동안 광고판을 바라봅니다. 그리고 뭔가가 생각난 듯 차를 급히 몰아 어디론가 가죠. 그녀가 도착한 곳은 그 광고판을 담당하는 회사입니다. 밀드레드는 직원에게 돈다발을 덥석 주며 자신의 광고를 올려 달라 합니다. 그녀가 광고판에 올린 문구는 섬뜩하면서 애달픕니다.

"죽어 가면서 강간당했다."

"그런데 아직도 못 잡았다고?"

"어떻게 된 건가? 윌러비 서장."

밀드레드의 딸 안젤라는 7개월 전 성폭행을 당한 후 잔혹하게 살해됐습니다. 시신은 불태워졌고요. 범행이 이뤄진 현장은 광고판들이 있던 곳입니다. 수사는 진척이 없었고, 밀드레드는 답답한 마음에 문구들을 광고판에 넣었던 겁니다. 광고판에 등장한 이름의 주인공 윌러비는 에빙 경찰서장입니다. 윌러비는 광고판을 처음 접하곤 화가 머리끝까지 치밀었습니다. 하지만 밀드레드를 비난하지 않습니다. 밀드레드의 절박함을 이해하는 데다 범인을 잡지 못한 죄책감 또한 품고 있거든요. 정작 밀드레드와 대립각을 세우는 건 혐오 발언을 일삼는 폭력 경찰, 딕슨입니다. 평소 윌러비를 존경하는 딕슨은 밀드레드의 행태를 이해하지 못합니다. 그는 밀드레드뿐 아니라 그녀의 광고를 게재한 광고 회사 대표 웰비에게도 적의를 품습니다.

에빙의 비밀

이 영화에서 주목해야 할 점이 있습니다. 에빙(Ebbing)이라는 도시 이름과 장소의 특성입니다. 에빙은 실재하지 않는 곳으로, '서서

히 사그라든다'라는 뜻입니다. 이 의미대로 영화는 퇴락한 도시 면면을 보여 줍니다. 미국인이라면 아마도 이 풍경만으로 단번에 '러스트 벨트(Rust Belt)' 지역을 떠올릴 것입니다. 미국 제조업이 번창했을 때 어느 곳보다 풍요로웠으나 1970~1980년대 경제 불황을 겪으면서 몰락한 후 재기하지 못한 지역 말이죠. 실제 이곳에 당도하면 말 그대로 '녹슨 지대'라는 명칭이 쉽게 납득될 겁니다. 특히 〈쓰리 빌보드〉의 원제목이 '미주리주 에빙 외곽의 광고판 세 개(Three Billboards Outside Ebbing, Missouri)'임을 떠올려 볼 필요가 있어요. 미주리주는 대표적인 러스트 벨트 지역이고, 영화 제작진은 이런 의도를 전혀 숨길 생각이 없어 보입니다.

러스트 벨트에는 '레드넥(redneck)'이라 불리는 백인 빈민층이 상당합니다. 레드넥은 가난하고 교육 수준이 낮은 백인 노동자를 비하하는 말로, 그들이 주로 뙤약볕 아래에서 일하느라 목이 붉게 탄 데에서 유래한 표현이에요. 미국 남부에서는 금기시하는 호칭이니 사용에 유의해야 합니다. 이들은 가족을 중시하면서도 종종 폭력적인 성향을 드러낸다고 알려져 있습니다. 딕슨은 전형적인 레드넥입니다. 흑인을 구타하기 일쑤고 아무 죄책감 없이 왜소증 장애인 제임스를 난쟁이라 업신여기죠. 그는 자신의 어머니에게도 큰소리를 내고 자신에게 반항하면 가만두지 않겠다며 협박을 일삼는데, 어머니는 그다지 심각하게 받아들이지 않습니다. 아니, 오히려 어머니 또한 거친 말을 예사롭지 않게 뱉어 내죠. 밀드레드의 가정도 레드넥의 범주에서 벗어나지 않습니다. 밀드레드의 전남편 찰리가 찾아와 횡포를 부리자 아들 로비가 대뜸 칼을 들이대는 모습이 가감 없이 묘사되지요. 한마디로 에빙의 사람들은 말보다 폭력으로 자신의 의사를 표현합니다. 날이 바짝 선 이들 사이에 대화가 끼어들 틈은 없죠.

꼬리에 꼬리를 무는 폭력

〈쓰리 빌보드〉에서 폭력은 꼬리에 꼬리를 물고 일어납니다. 밀드레드의 광고판에 분노한 사람이 밀드레드를 비난하고, 밀드레드 혹은 그녀의 옹호자가 그 비난자를 다시 공격하는 일상이 반복되죠. 윌러비 서장의 갑작스런 사망은 폭력의 촉매제가 됩니다. 윌러비의 사망에 가장 슬퍼하고 분노한 이는 바로 딕슨이었습니다. 그는 분노를 못 이겨 광고 회사 대표 웰비에게 가혹한 폭력을 행사하고 말죠. 웰비가 밀드레드의 광고를 게재한 탓에 결국 윌러비가 죽은 것이라며 애먼 사람을 잡은 겁니다. 사무실에서 주먹을 휘두르기 시작한 딕슨은 웰비를 2층 창문 밖으로 내던지고도 여전히 화가 안 풀려 도로변으로 내려와서까지 계속 구타했습니다. 이러한 폭력 장면은 핸드헬드 기법(카메라를 손으로 들고 찍는 것. 다른 촬영 기법보다 흔들림이 심하고 거친 느낌을 줌)으로 촬영됐습니다. 잔혹하고 폭발적인 폭력의 잔상이 스크린 너머 관객에게 생생하게 전달되지요. 그리고 누군가 밀드레드의 광고판에 불을 지르고 여기에 분노한 밀드레드가 경찰서에 화염병을 던지며 폭력은 끊이질 않지요.

폭력의 사슬을 끊는 것은

월러비는 세상을 뜨기 전 딕슨에게 편지를 남겼습니다. 세상 사람들이 딕슨에게 쓰레기 경찰이라고 손가락질하는 중에도 월러비는 편지를 통해 "자네는 좋은 경찰이 될 자질이 있어."라고 격려하고, "증오심이 크면 자네가 꿈꾸는 자리(형사)에 올라갈 수 없어. (…) 형사가 되려면 사랑이 필요해."라고 조언합니다. 딕슨이 월러비의 편지를 다 읽었을 때 공교롭게도 경찰서는 밀드레드가 던진 화염병으로 불길에 휩싸이고 맙니다.

불타는 경찰서에서 딕슨은 안젤라 사건 파일을 품 안에 넣고 나오죠. 그는 파일을 지키는 데 성공하지만 심각한 화상을 입게 됩니다. 이때 다가와 도와준 이는 그가 그토록 경멸해 마지않던 왜소증 장애인 제임스입니다. 그리고 병원에서 눈과 입을 제외한 모든 부위에 붕대를 감고 입원실로 들어온 딕슨에게 빨대를 꽂은 오렌지 주스 잔을 건네준 이는 그가 무참히 짓밟았던 웰비였죠. 딕슨이 증오를 멈추고 안젤라 사건 파일을 지킨 순간, 또 제임스와 웰비가 딕슨에게 복수가 아니라 용서를 선보인 순간 폭력의 연결 고리는 끊어집니다.

밀드레드도 변곡점을 맞이한 것은 마찬가지입니다. 자신의 방화로 딕슨이 불붙은 채 뛰쳐나온 순간, 세상이 자신을 차별한다고 느꼈으나 자신도 제임스를 멸시하고 있었음을 자각한 순간, 그녀 안의 폭력성은 제동이 걸립니다. 사실 윌러비는 밀드레드에게도 편지를 남겼어요. 안젤라를 해친 범인을 끝내 잡지 못한 채 세상을 떠나 미안하다고, 그래도 살아가라고 말이에요. 윌러비의 위로가 밀드레드 마음에 닿았을 때, 그녀의 집 현관에 걸린 성조기가 나부끼죠. 이어서 안젤라가 겪은 범행의 흔적이 남은 광고판 아래 잔디밭과 광고판을 비춘 장면이 나옵니다. 밀드레드가 윌러비에게 인간적인 감정 즉, 미안함과 고마움을 느끼는 동시에 여전히 공권력을 불신하고 있음을 은유적으로 표현한 장면입니다. 그녀가 세상을 향해 세운 적대감의 벽은 절대 무너질 것 같지 않았으나 윌러비의 편지로 금이 갔고, 딕슨과 제임스를 통해 허물어지기 시작합니다.

영화 말미, 밀드레드와 딕슨은 어느새 동료가 되어 우연히 알게 된 어느 강간범을 단죄하기 위해 떠납니다. 비록 안젤라를 해친 범인은 아니지만, 또 다른 안젤라를 만들었을 범죄자에게 복수를 실현하겠다고요. 그러나 이것이 옳은 일인가 둘은 아리송합니다. 폭력에 폭력으로 응대해 왔던 지난 세월이 옳지 않다는 걸 일련의 사건을 통해 깨달았으니까요. 강간범에게 복수하러 떠나는 길, 둘은 이렇게 대화합니다.

"딕슨, 진짜 괜찮겠어?"

"그놈 죽이는 거요? 잘 모르겠어요. 당신은요?"

"잘 모르겠어. 가면서 결정하자고."

마지막 장면 속 날씨는 화창하기 그지없습니다. 영화 첫 장면의 안개 낀 도로와는 정반대죠. 친해질 수 없을 것 같던 밀드레드와 딕슨이 한 차를 타고 떠나는, 이들의 뜻밖의 연대가 희망차 보입니다.

3

진실과 거짓, 이상과 현실
사이에서 당신의 선택은?

Title ▸ **Wheel of Fortune and Fantasy · 〈우연과 상상〉· 2021**

Director ▸ 하마구치 류스케

Cast ▸ 후루카와 코토네(메이코 역), 현리(츠구미 역), 모리 카즈키(나오 역),

시부카와 키요히코(세가와 역), 우라베 후사코(나츠코 역), 카와이 아오바(아야 역)

당신이 믿었던 그것,
정말 진짜일까?

피그말리온 이야기

여러분은 피그말리온에 대해 들어 본 적 있나요? 피그말리온은 『그리스 로마 신화』에 등장하는 인물로, 키프로스섬의 왕이자 조각가였습니다. 현실의 여인들에게 실망과 환멸을 느낀 그는 자신이 가장 이상적으로 생각하는 여인상을 조각하기 시작했어요. 실물과 같은 크기로 완성된 조각상은 살아 있는 여인처럼 보였죠. 그는 조각상에 말을 걸기도 하고 옷을 입혀 주기도 하면서 자신도 모르게 점점 빠져들었어요. 조각상을 사랑하게 된 그는 신에게 간절히 기도를 올렸습니다. 이 조각상과 같은 여인을 아내로 맞이하게 해 달라고요. 신은 피그말리온의 진심을 알아차리고 조각상을 살아 있는 사람으로 변신시켜 줍니다. 이후 두 사람은 결혼해 딸을 낳고 행복하게 살게 되죠. 누군가로부터 긍정적인 기대나 관심을 받으면 능률이 오르거나 일이 잘 풀리는 현상을 뜻하는 심리학 용어 '피그말리온 효과'는 바로 여기에서 유래했습니다.

피그말리온의 이야기는 행복한 결말로 끝맺음한 것처럼 보입니다. 평소 이상적으로 여기던 조각상을 맹렬히 연모하다가 실제로 조각상이 생명을 얻게 돼 결혼이라는 사랑의 결실을 이뤘으니까요. 하지만 감정을 교류하는 과정 없이 맹목적이기만 했던 관계를 진정한 사랑이라고 할 수 있을까요?

우리는 종종 누군가에게 호감을 갖게 되거나 사랑에 빠질 때 상대방 역시 자신을 호의적으로 여길 것이라 생각하곤 합니다. 그런 상대가 싫은 내색을 비추기만 해도 쉽게 실망하고, 때로는 과도하게 매달리기도 하죠. 자신에게 마음이 없는 사람에게 계속 연락하고, 만나기 위해 애를 쓰며 부담을 주기도 합니다. 여기서 더 심해지면 폭력성을 띤 행동과 강박 어린 집착으로 이어지기도 하는데, 우리는 이것을 스토킹이라고 부릅니다. 명백한 범죄죠. 하지만 이 같은 행동을 하는 주체는 자신의 행위를 그저 뜨거운 사랑이라고 생각합니다.

사람들 사이의 감정은 똑같은 크기로 오가지 않습니다. 다들 자신을 중심으로 세상을 바라보고 상대를 대합니다. 이번에 다룰 옴니버스 영화 〈우연과 상상〉 속 인물들도 마찬가지입니다. 이 영화는 우리가 굳게 믿던 것이 허상이거나 착각일지도 모른다는 사실을 깨닫게 합니다. 세 가지의 흥미로운 에피소드와 함께 우리 일상에 흔히 찾아오는 우연한 사건, 여기서 뻗어 나온 상상이 현실에 어떤 파동을 선사하는지를 그리죠.

사랑하지 않으면서 사랑한다는 착각

'마법(보다 더 불확실한 것)'이라는 제목의 첫 번째 에피소드에서 등장인물들의 감정은 서로 어긋납니다. 모델로 일하는 메이코는 일을 마친 후 절친한 친구 츠구미와 함께 택시에 타 대화를 나눕니다. 츠구미는 메이코에게 최근에 만나기 시작한 남자에 대해 이야기합니다. 이동하는 내내 그의 면면을 상세히 소개하면서 그와 마법 같은 시간을 보냈다며 행복해합니다. 츠구미가 택시에서 내린 후 홀로 남은 메이코의 표정은 어쩐지 당혹스러워 보입니다. 메이코는 갑자기 차를 돌려 어느 건물로 향합니다. 그가 도착한 곳은 몇 년 전 헤어진 남자친구 카즈아키가 일하는 사무실입니다. 이야기를 듣다가 츠구미의 새로운 연애 상대가 우연히도 자신의 옛 애인임을 눈치챈 거였죠. 츠구미는 택시에서 그 남자가 전 여자친구와의 기억으로 인해 최근까지 힘들어했다고 이야기했습니다. 카즈아키를 향한 메이코의 마음은 명확히 그려지지 않습니다. 메이코 역시 이별 후에 그를 계속해서 그리워했을 수도, 아니면 완전히 잊고 살았을 수도 있습니다. 츠구미에 대한 질투, 카즈아키가 여전히 자신을 사랑하는지 확인하고 싶은 욕망이 메이코를 이곳으로 향하게 만들었을지도 모릅니다.

이유야 어찌 됐든 메이코의 행동은 일방적입니다. 헤어진 지 한참이나 지난 지금, 느닷없이 카즈아키를 찾았으니까요. 카즈아키가 메이코에게 여전히 호감이 있다고 해도 둘 사이는 건강한 관계라고 볼 수 없습니다. 그와 다시 만나더라도 이전처럼 온전한 사랑을 할 수 없다는 생각이 들었기 때문일까요, 카즈아키와의 재결합을 고민하던 메이코는 결국 포기하고 맙니다.

모르는 사람과 관계 맺기

두 번째 에피소드 '문은 열어 둔 채로'는 첫 번째 이야기와 사뭇 다르게 다가옵니다. 어떤 이의 믿음 또는 확신이 다른 사람의 신념과 맞닥뜨린 후 전혀 예기치 못한 방향으로 흘러가는 과정을 그리고 있죠.

유부녀 늦깎이 대학생 나오는 연하남 사사키와 내연 관계를 맺고 있습니다. 대학 졸업을 앞둔 사사키는 자신에게 낙제점을 준 세가와 교수로 인해 취업이 좌절되자 그에게 앙심을 품습니다. 세가와는 대학교수이자 일본 최고 권위의 문학상 아쿠타가와상을 받은 명망 있는 소설가입니다. 사사키는 나오에게 세가와 교수를 유혹해 달라고 간곡히 부탁합니다. 그가 학생과 부적절한 일을 저질렀다는 물증을 확보한 뒤 이를 언론에 폭로해 복수하기 위해서죠.

사사키의 거듭되는 부탁으로 세가와 교수를 찾아간 나오는 그가 쓴 소설 가운데 성적인 묘사가 이어지는 대목을 낭독하며 그를 유혹하려 합니다. 하지만 예상과 달리 세가와 교수는 꿈쩍도 않습니다. 손쉽게 교수를 꾀어낼 수 있을 거라 믿었던 계획은 어긋나고, 나오는 자신도 모르는 사이 그동안 품어 왔던 고민과 걱정을 세가와에게 털어놓습니다. 그리고 뜻밖에도 세가와의 조언 덕분에 나오는 큰 용기와 위로를 얻고 그를 경외하게 되죠. 결혼했으면서도 다른 파트너와 내연 관계를 이어가는 대학생, 좀처럼 속내를 알 수 없는 교수. 영화는 이런 둘이 한자리에 있는 상황에서 흔히들 떠올리는 전형적인 전개를 완전히 파괴하고 관객을 예상치 못한 곳으로 데려갑니다.

세 번째 에피소드 '다시 한번' 역시 비슷한 주제를 품고 있습니다. 중년 여성 나츠코는 고교 시절 사이가 남달랐던 동창을 볼 수 있을까 기대하며 동창회에 참석하기 위해 20년 만에 고향을 찾습니다. 바람과 달리 동창을 만나지 못한 채 실의에 찬 모습으로 기차역

으로 향하던 나츠코는 그토록 그리워하던 친구를 우연히 마주칩니다. 두 사람은 크게 반가워하고, 나츠코는 그의 집에 초대됩니다. 한참 대화를 나눈 후에야 둘은 같은 고교를 나오지 않았다는 사실을 알게 됩니다. 서로 처음 보는 사이였던 거죠. 그리운 마음이 너무도 컸기 때문일까요? 당황스러워하던 것도 잠시, 두 사람은 서로가 그리워했던 대상의 역할을 번갈아 맡아 가며 내면 깊은 곳의 이야기를 꺼냅니다. 이들은 역할극을 하며 정말 20년 만에 만난 친구처럼 서로에게 각자의 과거, 그동안 꾹꾹 감춰 뒀던 진짜 이야기를 들려주며 위로받습니다. 이렇듯 아무리 오해에서 비롯된 관계라도 서로의 진심이 닿으면 충분히 깊은 감정을 공유하는 사이가 될 수 있음을 보여 줍니다.

글의 서두에 언급했던, 피그말리온이 사랑한 조각상의 이름은 갈라테이아입니다. 갈라테이아는 거품의 요정이라는 뜻을 지녔습니다. 조각상에 이런 뜻이 담긴 이름이 붙은 이유가 무엇일지 곱씹어 보게 됩니다. 상호 간의 제대로 된 교류 없이 일방적으로 형성된 관계는 언제든 거품처럼 꺼질 수 있으며, 관계의 거품을 걷어 내려면 각자의 우주를 있는 그대로 바라봐야 한다는 의미가 아닐까요? 〈우연과 상상〉이 전하려는 메시지 역시 이런 맥락에서 짚어 봐야 하지 않을까요?

Title ▸ Don't Look Up · 〈돈 룩 업〉 · 2021
Director ▸ 애덤 매케이
Cast ▸ 레오나르도 디카프리오(랜들 민디 역),
제니퍼 로런스(케이트 디비아스키 역)

고개를 들어
현실을 마주하라

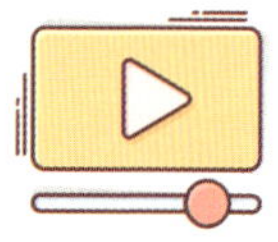

지구에 절체절명의 위기가 닥친다면

그간 종말 위기에 처한 지구를 그린 영화들이 무수히 나왔습니다. 세계가 미국과 소련을 중심으로 둘로 갈렸던 20세기 중후반 냉전 시절에는 핵전쟁으로 절멸 위험에 놓인 인류를 그린 영화들이 많이 제작되었어요. 냉전이 끝난 이후엔 지구가 혜성이나 소행성과 충돌하거나, 외계인의 침공을 받아 위기에 빠지는 내용의 영화들이 속속 나왔죠. 영화 〈아마겟돈〉(1998년)은 소행성 충돌에 맞선 인류의 모습을, 〈딥 임팩트〉(1998년)는 지구가 혜성과 부딪히면서 벌어지는 사연을 그립니다. 〈인디펜던스 데이〉(1996년)나 〈우주 전쟁〉(2005년)에는 외계인이 지구를 침략한 상황이 펼쳐지고요. 이들 영화의 메세지와 결말은 저마다 다르지만, 한 가지 공통점이 있습니다. 인류가 공멸을 피하기 위해 국경과 인종을 넘어 서로 손잡고 함께 힘을 모아 대처한다는 것이죠. 어쩌면 당연한 일 같습니다.

그런데 정말 지구에 절체절명의 위기가 찾아왔을 때, 인류는 이처럼 현명하고 이성적으로 행동할까요? 〈돈 룩 업〉은 그렇지 않다고 단호히 말합니다. 지구 멸망을 눈앞에 두고도 저마다의 이익에 매달리느라 급급한 인간들의 모습을 펼쳐 보이며, 비이성적이고 자기중심적인 사람들의 민낯을 고발합니다.

이러다 다 죽어!

케이트는 미시간주립대학 천문학 박사 과정을 밟고 있습니다. 매일 밤하늘을 관측하던 그는 어느 날 우연히 새로운 혜성 하나를 발견하고, 동료들의 축하를 받으며 인생 최고의 날을 누립니다. 그런데 기쁨도 잠시, 지도 교수 랜들과 혜성의 궤도를 계산해 보고 끔찍한 사실을 알게 됩니다. 계산대로라면 혜성은 6개월 14일 후 지구와 정면충돌할 예정입니다. 지름 10킬로미터에 이르는 이 거대 혜성이 지구에 떨어질 경우 모든 생명체가 멸종해 버리는 것은 불 보듯 뻔한 일이었죠.

다급해진 케이트와 랜들은 이 사실을 미국 항공우주국(NASA)에 알립니다. NASA로부터 해당 내용을 전달받은 지구방위합동본부의 수장 테디 박사는 이를 백악관에 보고하죠. 백악관은 사태의 심각성을 파악한 듯 군 수송기를 급히 보내 두 사람을 워싱턴으로 데려옵니다. 테디 박사도 이들과 동행하지요.

하지만 예상과 달리 백악관의 반응은 썰렁하기만 합니다. 대통령과 참모들은 곧 있을 중간선거*에 정신이 팔려 6개월 뒤 혜성과 충돌해 지구가 멸망할 거라는 이들의 경고에도 기다리면서 상황을 보자는 무책임한 대응을 합니다. 그들의 머릿속에는 오로지 지지율이 떨어지면 안 된다는 생각밖에 없기 때문이죠. 심지어 대통령과 비서실장은 케이트가 공부하고 있는 미시간주립대학을 소위 말하는 명문대로 여기지 않아, 그의 의견을 신뢰하지 않는 속물적인 모습을 보이기도 합니다.

백악관의 시큰둥한 반응에 다급해진 케이트와 랜들은 사태의 위험성을 세상에 알릴 방법을 고민합니다. 그리고 언론에 이 일을 제보하기로 하죠. 하지만 두 사람은 다시금 벽에 부딪힙니다. 이들은 아침 생방송 토크쇼에 출연해 곧 혜성이 지구에 충돌할 거라고 경

●　**중간선거**　미국에서 4년마다 실시하는 대통령 선거의 중간에 행하여지는 의원 선거로, 하원(下院)의 전원, 상원(上院)의 3분의 1을 새로 뽑는다. 대통령 집권 2년차에 실시되어 대통령의 국정 운영에 대한 중간 평가 성격을 지닌다.

고하지만, 진행자들은 이를 가벼운 가십거리로 여기며 농담을 일삼습니다. 시청자들도 혜성 충돌 같은 소식에는 관심이 없고 케이트나 랜들의 말투, 외모 등 부차적인 것들만 이슈 삼죠. 결국 두 사람의 경고는 또다시 묻혀 버리고 맙니다.

영화는 지구 멸망이라는 무시무시한 위기 상황이 닥쳤음에도 제대로 기능하지 않는 정치, 언론, 사회 시스템을 풍자하며 꼬집습니다. 원자폭탄의 위력보다 10억 배 강력한 혜성 충돌이 몇 달 안에 일어날 거라는 경고에도 정치인들은 어떻게 하면 자신들의 권력을 유지할 수 있는가에만 혈안입니다. 언론은 영상 조회 수와 방송 시청률을 올릴 방법에만 관심 있고요. 대중은 진실을 알려는 노력조차 없이 SNS상에서 자신들의 주장만을 내세우며 자기가 믿고 싶은 것을 진실로 여깁니다.

앞서 혜성 충돌 이슈를 심드렁하게 대했던 대통령은 스캔들에 휩싸여 지지율이 폭락하자 두 과학자를 급하게 불러들입니다. '지구를 멸망의 위기에서 구할 위대한 지도자'라는 이미지를 만들어 분위기 반전을 이끌고자 혜성을 이용하기로 마음먹은 거죠. 정부는 핵폭탄을 실은 위성 수십 대를 동시에 발사해 혜성의 궤도를 바꾸겠다는 야심 찬 계획을 세웁니다.

마침내, 핵을 실은 우주선이 발사됩니다. 그런데 어쩐 일인지 발사 직후 우주선이 곧바로 되돌아옵니다. 알고 보니 대통령에게 막대한 정치자금을 대는 후원자인 거대 IT 기업의 수장 피터가 다른 의견을 냈던 거예요. 피터는 자신이 개발한 첨단 기술로 혜성을 조각내 바다에 떨어뜨린 다음, 그 안에 매장된 희귀 광물 자원을 채굴하면 어마어마한 경제 이익을 누릴 수 있다며 대통령을 설득합니다. 그리고 대통령은 이 황당한 제안을 받아들여요. 온 인류의 생존이 걸린 일촉즉발의 상황인데도 말입니다. 전문적인 과학 지식을 갖춘 것도 아닌데 단지 경제적 영향력이 막강하다는 이유로 전문가인 양 행세하며 인류의 생존이 달린 일을 좌지우지하는 피터, 그리고 그런 그에게 휘둘리는 대통령의 모습은 탐욕스러운 거대 기업에 지배당한 정치계의 현실을 떠올리게 하죠.

그렇게 시간은 속절없이 흐르고, 혜성이 다가오는 모습을 하늘에서 맨눈으로 볼 수 있을 만큼 충돌 시점이 임박하자 사람들은 그제서야 본격적으로 우려를 쏟기 시작합니다. "그냥 좀 올려다봐(Just Look Up)!"라고 외치며 위기를 직시하라고 말하는 이들이 늘어나는가 하면, 고개만 들면 확인할 수 있는 진실을 여전히 믿지 않는 사람들도 있습니다. 이들은 "올려다보지 마(Don't Look Up)!"라고 외치며 끝까지 정치적으로 사람들을 선동하고 진실을 외면합니다.

위기에 처한 인류의 자화상

겉으로만 보면 〈돈 룩 업〉은 그간 여러 차례 개봉했던 여느 SF 영화들처럼 혜성 충돌을 둘러싼 이야기를 그린 재난 영화입니다. 하지만 이 영화는 지독하게 냉소적이고 풍자적입니다. 영화를 자세히 들여다보면 수많은 비유로 가득해요. 영화에서 지구와 충돌 위기에 놓인 혜성을 대하는 정치계와 언론, 기업, 대중의 모습은 오늘날 우리 눈앞에 닥친 기후 위기를 외면하는 인류의 모습과 사뭇 닮았습니다.

지난 수십년간 과학자들은 구체적인 수치와 연구 결과를 제시하며 끊임없이 지구온난화를 비롯한 기후 위기를 예고하고 파국을 경고해 왔지만, 사람들은 이를 남의 일 대하듯 무감각하게 여겨 왔습니다. 정치인들은 진영 싸움을 벌이느라 정작 중요한 문제는 뒤로 미뤄 뒀고, 기업들은 어떻게 하면 위기 상황을 경제적 이익으로 연결할 수 있을지 계산기를 두드리기 바빴습니다. 대중은 진실이 무엇인지 파헤치려 하기보다는 지구온난화가 사기극이라며 음모론에 휩싸이는 등 여기저기 휘둘리기 일쑤였고요.

영화 후반부에서 랜들 교수를 비롯한 여러 인물은 위기가 코앞에 닥쳤음에도 아무런 조치도 취할 수 없는 상황을 한탄하며 무력감을 느낍니다. 그런 랜들에게 테디는 이런 말을 합니다.

"선택권은 언제나 있어요, 랜들! 그중에 좋은 선택을 하면 되는 거예요!"

이는 기후 위기와 전쟁, 경제난 등 생존을 위협하는 여러 문제에 당면한 우리 인류에게도 적용되는 진리예요. 중요한 건 눈앞의 위기를 외면하지 않고, 고개를 들어 현실을 똑바로 바라보는 일이라는 점. 오늘날 우리에게 〈돈 룩 업〉이 던지는 메시지가 유난히 간절해 보입니다.

타인의 세계로
들어가 보는 일

타인을 바라보는 시선

여러분은 처음 만난 사람을 어떻게 판단하나요? 웃는 얼굴을 보고 친밀감이 드나요? 반듯한 옷차림을 보고 호감을 느끼나요? 혹시 장애가 있거나 겉모습이 볼품없다는 이유로 선입견을 품은 채 누군가를 바라본 적은 없나요? 인간은 감정의 동물이다 보니 첫인상에 휘둘리기 마련입니다. 그렇다면 법은 어떨까요? 합리성과 이성을 바탕으로 만들어진 것이니 사람을 편견 없이 공정하게 판단하는 잣대일까요? 법조문은 냉정하고 이성적이지만, 법을 운용하고 적용하는 건 결국 사람의 일입니다. 법을 다루는 사람이 선입견이나 편견 혹은 악의에 사로잡혀 있다면 법은 얼마든지 공정성을 잃을 수 있습니다.

영화 〈증인〉은 유력한 살인 용의자의 무죄를 입증해야 하는 변호사 순호가 살인 사건의 유일한 목격자이자 자폐스펙트럼장애가 있는 소녀 지우를 만나면서 펼쳐지는 이야기를 그립니다. 그리고 이 사건을 내세워 우리에게 여러 질문을 던집니다. 사람이 나 아닌 다른 사람을 제대로 판단할 수 있는지, 공정하다고 믿고 있는 법이 과연 법대로 엄격하게 집행될 수 있는지 묻는 동시에 우리가 세상을 바로 보기 위해 필요한 건 무엇인지 말하려 합니다. 모두가 돈을 향해 맹목적으로 달려갈 때, 사람을 사람답게 하는 건 결국 선의라고 강조하면서 말이지요.

유일한 목격자를 만나다

주인공 순호는 유명 로펌의 변호사입니다. 그는 한때 '민주사회를위한변호사모임'(이하 민변)에서 활동한, 사익보다는 공익을 추구하던 정의감 넘치는 변호사였습니다. 하지만 아버지의 빚을 떠안으면서 생계가 어려워지자, 현실과 타협한 채 돈을 택하게 됐죠. 출중한 실력으로 로펌 대표의 두터운 신임을 받게 된 그는 대표 변호사로 승진할 기회가 걸린 사건을 맡게 됩니다.

순호가 맡은 사건은 어렵지 않아 보입니다. 한밤중에 어느 돈 많은 노인이 죽었는데, 검찰은 노인을 돌보던 가사도우미 미란을 살인 용의자로 기소했습니다. 하지만 로펌 대표는 검찰이 무리한 기소를 했다고 판단합니다. 미란이 극단적인 선택을 시도한 노인을 말리려다 누명을 쓰게 되었다며 말이죠. 그런데 검찰이 사건의 범인으로 미란을 지목한 건 목격자가 있기 때문입니다. 사건이 발생한 주택 건너편에 사는 소녀가 증언했다는 겁니다.

순호는 구치소를 찾아 미란부터 만납니다. 순박하고 정이 넘쳐 보이는 미란은 범죄와 거리가 멀게 느껴집니다. 눈물을 흘리며 억울함을 호소하던 미란은 "제가 돈은 못 해드려도요, 돼지 두루치기 한 판 맛있게 해 드릴게요."라며 사탕 하나를 순호의 손에 쥐어 주는 수더분한 인물입니다. 동네 사람도 미란은 절대 살인을 저지를 사람이 아니라고 두둔하고요. 반면에 순호가 증인 영상으로 확인해 본 목격자는 헛웃음을 유발합니다. "얘가 증인이라고? 장난해, 지금?"이라는 혼잣말이 절로 나올 정도로 산만한 어린아이 같습니다.

순호는 미란의 무죄를 입증하기 위한 단서를 찾으러 유일한 목격자인 소녀에게 접근합니다. 목격자인 중학생 지우는 자폐스펙트럼장애가 있습니다. 자기만의 세계에 빠져 있어 타인과의 의사소통이 좀처럼 쉽지 않지요. 겉보기에 지우의 말과 행동은 세상이 일반적이라고 말하는 상식 범위 바깥에 있습니다. 순박하고 선한 얼굴로 억울함을 주장하는 살인 용의자 미란과 선뜻 미덥지 않게 느껴지는 목격자 지우. 과연 진실은 무엇일까요?

첫인상에 속기 마련인 우리들

영화는 우리가 허상과 편견에 둘러싸인 불공정한 세상에 살고 있다고 말합니다. 순호의 로펌이 담당하고 있는 발암 생리대 집단 소송 사건을 일례로 들 수 있습니다. 로펌 대표 병우는 생리대 회사 대표를 위해 모의재판을 엽니다. 그 자리에서 병우는 회사 대표 윤재의 말투와 자세를 교정합니다. 재판정에서 나쁜 인상을 심어 줘서는 안 된다는 이유에서입니다. 법정은 공정하게 법리(法理)를 따져야 하는 곳이지만 놀랍게도 첫인상이 판결에 영향을 미칠 수 있음을 보여 주는 대목입니다.

또 이런 장면이 있기도 합니다. 지우에게는 유일한 친구가 있습니다. 바로 등하교를 함께하는 신혜입니다. 순호는 처음 만났을 때부터 신혜가 기특합니다. 신혜는 지우의 엄마 현정이 용돈을 줘서 그럴 거라며 대수롭지 않은 듯 말합니다. 그럼에도 순호는 신혜를 착한 학생으로 여깁니다. 하지만 알고 보니 신혜는 학교에서 지우를 구석으로 몰고 가 괴롭히곤 합니다. 순호가 천진하고 선한 신혜의 인상에 속은 겁니다.

지우에게 다가가는 만큼 순호는 지우를 알게 되고, 그동안 가지고 있던 생각이 서서히 바뀌어 갑니다. 지우가 놀라울 정도로 두뇌 회전이 빠르고, 남다른 재주를 지녔다는 사실을 알게 되기도 하죠. 하지만 편견은 쉬이 사라지지 않습니다. 순호는 지우의 처지를 안타까워하며 "자폐만 아니면 좋았을 텐데."라고 말합니다. 그 말을 들은 현정은 지체 없이 "그건 지우가 아니죠, 지우가 자폐만 아니면 좋을 텐데라고 생각해 본 적 없어요."라고 답하죠. 자폐를 하늘이 내린 천형(天刑)처럼 여기며 자폐아의 부모를 불쌍하게 여기는 고정관념이 순호의, 우리의 마음을 지배하고 있음을 암시하는 장면입니다.

그 사람의 세계에 들어가는 것

순호는 미란의 변호사로서 지우를 법정에 증인으로 세워 그의 진술에 신빙성이 없음을 입증하기로 마음먹습니다. 이를 위해 순호는 지우와 가까워지기 위해 갖은 노력을 기울입니다. 하지만 자기만의 세계에 빠진 듯한 지우와의 소통은 좀처럼 쉽지 않습니다. 지우는 낯선 순호를 잔뜩 경계하며 마음을 열지 않습니다. 그래도 순호는 포기하지 않고 끈질기게 소통을 시도합니다. 지우가 퍼즐과 퀴즈에 관심이 많다는 것을 알게 된 순호는 매일 오후 다섯 시 지우에게 전화를 걸어 수수께끼를 냅니다. 자폐에 대해 문외한이었던 순호는 지우와 눈높이를 맞추고 지우의 세계로 들어가면서 점점 편견을 거두고 자폐를, 지우를 이해하게 됩니다. 순호의 내면에는 그간 현실에 치이느라 잠시 밀어 뒀던 선한 마음이 스멀스멀 올라옵니다. 한편 순호는 지우와 소통하면 할수록 예상치 못한 사건의 진실에 가까이 다가서게 되고, 그로 인해 큰 딜레마에 휩싸입니다.

영화는 순호와 지우가 소통하는 과정을 그리며 우리 사회에 깃든 편견을 꼬집습니다. 남다른 말과 행동을 하는 지우를 괴롭히고 놀리는 친구들, 법정에 증인으로 나선 지우를 온전치 못하게 여기는 어른들의 모습을 보여 주며 그저 다르다는 이유로 얼마나 많은 폭력이 가해지는지를 낱낱이 드러내죠. 사람들에게 상처받은 지우는 순호에게 "당신은 좋은 사람입니까?"라고 묻습니다. 이것은 영화가 관객에게 던지는 물음이기도 합니다. 만약 여러분에게 누군가 이런 질문을 한다면, 여러분은 뭐라고 답할 건가요? 영화는 우리에게 좋은 사람이란 무엇인지, 좋은 사람이라는 말을 들을 만한 삶을 살고 있는지 스스로 되돌아보게 합니다.

편견을 거두고 누군가를 진정으로 이해하기 위해서 우리는 무엇을 해야 할까요. 영화 속 검사 희중의 대사에서 그 답을 찾을 수 있을 것도 같습니다. 처음에 지우와 소통할 방법을 찾던 순호는 사건을 맡은 검사이자 지우와 친하게 지내던 희중에게 도움을 요청합니다. 그러자 희중은 다음과 같이 말합니다. 다리가 불편한 사람을 상대하려면 걸음걸이를 맞춰야 하듯이, 자신만의 세계에서 나가기 힘든 사람과 소통하려면 그 사람의 세계에 들어가야 한다고요. 영화는 다른 이의 세계로 한 걸음 다가가는 일이 소통의 시작이라고 말합니다. 그렇게 나아가다 보면 타인을 온전히 바라보고 이해하는 '좋은 사람'이 되는 일에도 한 발짝 가까워지지 않을까요?

Title ▸ **Anatomy of a Fall** · **(추락의 해부)** · **2023**
Director ▸ 쥐스틴 트리에
Cast ▸ 산드라 휠러(산드라 역), 스완 아르라우드(뱅상 역),
밀로 마차도 그라녀(다니엘 역)

진실, 믿는 만큼
가까워지는

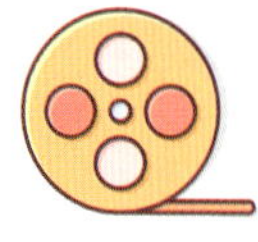

진실은 어디에 있을까?

한 남자가 집에서 숨집니다. 사건은 외딴 산간에서 대낮에 발생했습니다. 목격자는 없습니다. 숨진 사뮈엘은 현관 앞 눈밭에 피를 흩뿌린 채 누워 있었습니다. 그는 3층 다락방에서 실수로 떨어졌거나 투신했거나 또는 살해됐을 가능성이 있습니다. 아내인 산드라는 자고 있었다고 주장합니다. 사뮈엘의 어린 아들 다니엘이 반려견 스눕과 산책 나간 사이 벌어진 일입니다.

경찰은 타살 의혹을 제기합니다. 부검 결과, 사뮈엘이 추락하기 전 충돌인지 타격인지 알 수 없는 외부 충격으로 혈종이 발생해 숨졌기 때문입니다. 혐의는 사건 당시 유일하게 집 안에 있던 산드라에게 향합니다. 세간의 관심이 쏠립니다. 산드라가 유명 작가이기 때문입니다. 산드라는 만일을 대비해 오랜 지인인 뱅상을 변호사로 고용하고, 검찰은 산드라를 기소합니다. 집에서 발견된 핏자국이 단순 추락이나 투신에 의해 생겨날 수 없다는 점, 현장검증 당시 산드라의 진술이 엇갈린 점, 사뮈엘이 남긴 USB 속 파일을 유죄 근거로 제시합니다. 정말 산드라가 남편을 살해했을까요? 아니면 본인 주장대로 산드라는 결백하고, 사뮈엘은 자살했거나 사고로 숨진 걸까요? 영화는 범인이 누구인지 찾아가기보다는 진실이 어떻게 왜곡될 수 있는지를 보여 줍니다. 그리고 모든 이가 수긍할 만한 진실이라는 게 과연 존재하는지 의문을 던집니다.

편견, 언제 어디에나 있는

검사는 재판에서 산드라의 범죄 가능성을 다각도로 제시합니다. 일단 산드라의 성적 취향과 외도 경험을 문제 삼습니다. 사건이 있던 날 인터뷰를 위해 산드라를 찾아온 대학원생 조에와의 관계부터 의심의 눈초리로 바라보죠. 검찰은 사뮈엘이 다락방 공사를 하는 동안 양성애자 산드라가 젊은 여성인 조에에게 추파를 던졌다고 주장합니다. 사뮈엘은 산드라와 조에의 대화를 방해하기 위한 듯 음악을 크게 틀었고, 조에가 불편한 기색으로 집을 떠나자 산드라가 사뮈엘에게 불만을 표했을 법했지요. 이것이 몸싸움으로 번져 우발적 살인으로 이어졌을 수 있습니다. 검사는 산드라가 충분히 살의를 지닐 만한 상황이었다고 하면서도, 도덕성을 문제 삼습니다. 타락한 산드라가 남편을 죽이고도 남을 인물이라는 거죠.

검사가 노리는 건 세간의 시선입니다. 살인을 저질렀든, 결백하든 산드라는 편견에서 자유롭지 않습니다. 그는 매사 진지하고 이성적이라 여겨지는 독일인입니다. 프랑스 사람들은 산드라에게서 감성 짙은 자국인과 다른 면을 발견하고 거리감을 느낍니다. 저렇게 차가운 독일 여성이라면 알리바이를 완벽하게 만들고 범죄를 사전에 준비했을 거라는 편견이 작용합니다. 검사는 그런 산드라의 약점을 파고듭니다. 변호를 맡은 뱅상이 산드라에게 "이제는 남들의 시선으로 자신을 볼 줄 알아야 해요.", "지금부터 중요한 건 (객관적인 증언을 하리라 사람들이 여기는) 주변 사람이에요."라고 조언하는 이유입니다.

산드라가 여성이라는 점도 편견을 만들어 냅니다. 검사는 산드라가 남편에게 가사와 육아 부담을 전가한 것처럼 묘사합니다. 아들 다니엘이 네 살 때 교통사고로 시각장애인이 된 것을 산드라가 계속 강조해 사뮈엘에게 강한 죄책감을 심었다고 몰아붙입니다. 산드라가 남편 아이디어를 활용해 소설을 쓴 점도 지적합니다.

산드라가 사뮈엘과 사이가 좋지 않았고, 부부 생활에 충실하지 않았다 해도 살인의 결정적 증거가 될 수는 없습니다. 무죄 추정의 원칙에 따랐을 때 심증과 정황만으로 혐의를 인정할 수는 없습니다. 산드라가 사뮈엘의 머리를 가격했을 법한 단단한 도구가 발견되지 않는 한 산드라를 범인으로 단정하기 어렵습니다. 하지만 우리는 검사 측 증인들의 증언을 들으면서 배심원들의 마음이 충분히 흔들릴 수 있겠다고 판단합니다.

당사자만이 아는 내밀한 속사정

영화는 중반부까지 산드라와 사뮈엘이 대화하는 모습을 단 한 번도 보여 주지 않습니다. 두 사람이 마주하는 장면조차 없지요. 부부가 함께 있을 때의 표정을 보면 둘이 어떤 사이였는지 짐작할 수 있을 것 같은데, 영화는 보여 주지 않습니다.

우리는 대개 어떤 걸 보지 않고선 진실을 알 수 없다고 여깁니다. 하지만 우리가 제대로 보지도 않고 진실로 여기는 일들은 도처에 널려 있습니다. 언론이 어떤 사건 내용을 보도할 때 의도를 지니고 특정 장면만 편집해 보여 줬다면, 우리가 진실을 본 걸까요? 영화에는 뱅상이 변론을 위해 사람 형상의 더미를 추락시켜 보는 실험 장면이 등장합니다. 산드라는 멀리서 이를 바라봅니다. 누군가 사뮈엘이 죽는 순간을 목격했다 해도 진실을 알기 힘들 정도로 먼 거리입니다. 영화는 본다고 해서 모두 알 수 없다는 것을 이 장면을 통해 넌지시 강조합니다. 오랜 시간 함께하며 축적해 온 감정이 사랑에 가까울지, 증오에 기울어져 있을지는 오직 산드라와 사뮈엘이 알 뿐입니다.

하지만 사람들은 여기에는 신경 쓰지 않습니다. 사뮈엘에게 우울증 약을 처방했던 정신과 의사는 산드라 때문에 사뮈엘이 약을 복용하게 됐다고 주장합니다. 산드라와는 제대로 대화해 본 적 없는데도 그는 확신에 차 산드라를 비난합니다. 산드라는 항변합니다.

"지금 말씀하신 것은 전체 상황의 극히 일부에 지나지 않습니다. 그러니까 부부 사이에는 가끔… 폭풍이 오기도 해요. 이성을 잃죠, 아닌가요? 함께 싸우거나 혼자 싸우기도 하고. 서로와 싸우기도 해요."

검사는 어쩌면 진실을 알고 싶은 마음이 애초에 없었을지 모릅니다. 수사진도 마찬가지고요. 이들은 범인을 단죄하는 게 목표입니다. 오래전부터 산드라를 알아 온 뱅상조차 진실을 알 수 없습니다. 그는 산드라의 첫인상조차 기억하지 못합니다. 변호사라는 직업 때문에 산드라의 무죄를 뒷받침할 법리와 논리를 찾는 데만 집중합니다. 결국 산드라와 사뮈엘의 내밀한 속사정을 아는 건 당사자인 두 사람뿐이었습니다. 결정적 증거도 목격자도 없으니, 사뮈엘이 숨졌을 때 무슨 일이 있었는지는 오직 산드라만이 알고 있습니다.

진실은 결국 선택의 영역

검사는 결정적 단서로 산드라와 사뮈엘의 언쟁이 담긴 음성 파일을 제시합니다. 영화는 처음이자 마지막으로 이 음성 파일 속에서 부부가 한 공간에 있는 모습을 보여 주지요. 두 사람은 집안일과 서로에 대한 평가를 두고 한 치 양보 없이 말다툼을 벌입니다. 감정이 격해지자 몸싸움까지 일어납니다. 영화는 이를 법정에 울려 퍼지는 소리로만 알려줍니다. 유리가 깨지고 누군가 맞는 소리가 납니다. 산드라의 폭력적인 성향이 드러나고 사뮈엘이 죽기 전날 물리적 충돌이 있었다는 건 확실하지만, 음성 파일은 부부 싸움 중 벌어진 일을 온전히 전달하지 못합니다. 불완전한 진실만 알려 줄 뿐이죠.

재판장이 판결해야 할 즈음, 다니엘이 증인으로 나섭니다. 다니엘은 가장 가까이에서 부부를 오랜 시간 지켜봤기에 불완전한 진실을 어느 정도 메워 줄 수 있습니다. 하지만 그에게도 한계가 있습니다. 시각장애가 있는 데다, 사건 당시 멀리 떨어져 있었죠. 산책 갈 때 부모의 대화 소리를 들었다는 증언에서는 진술을 번복해 신뢰도가 떨어지기도 합니다. 다니엘은 남들보다 예민한 후각과 기억을 바탕으로 재판에 영향을 주게 됩니다. 그는 진실을 알지 못하는 상황에서 자신의 증언이 변수가 되어 어머니에게 섣불리 면죄부를 주게 되는 건 아닌지 고민합니다. 법원이 파견한 보호인 마르주는 다니엘에게 이렇게 조언합니다. "판단을 내려야 하는데 필요한 정보가 부족해서 도저히 안 되겠을 때는 그냥 결정할 수밖에 없어."라고요. "한쪽이 아닌 다른 쪽을 택해야 의심을 떨쳐 낼 수 있으니까, 하나를 믿어야 하는데 선택지가 두 개라면 하나만 골라야지."라고도 말합니다. 진실은 어쩌면 사실이 아니라 믿음의 문제라고 암시하는 듯합니다.

사뮈엘의 죽음을 둘러싼 의혹은 결국 명확히 밝혀지지 않은 채 영화는 끝을 맺습니다. 어쩌면 산드라와 사뮈엘의 진짜 관계를 목격한 존재는 반려견 스눕일지 모릅니다. 스눕은 사뮈엘이 숨지자 슬퍼하고 그의 사진을 보며 그리워합니다. 산드라가 법정 공방 끝에 집에 돌아와 지친 몸을 소파에 눕히자 곁에 다가와 반기듯 눕는 것도 스눕입니다. 제대로 알지도, 제대로 보지도 못하면서 다른 대상을 쉽게 판단하고 규정 짓는 인간의 속성을 꼬집는 장면이 아닐까요?

4

반드시 아름답고 찬란하지만은
않을지라도。

Title ▸ 〈인생은 아름다워〉· 2022
Director ▸ 최국희
Cast ▸ 류승룡(강진봉 역), 염정아(오세연 역),
박세완(여고생 세연 역), 옹성우(박정우 역)

가장 찬란한 순간은
바로 지금

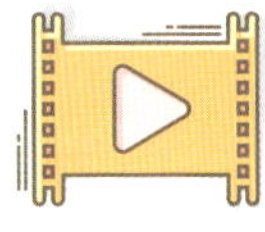

어느 날 갑자기 죽음이 찾아온다면

죽음에 대해 진지하게 생각해 본 친구들은 많이 없을 듯합니다. 대부분 죽음이 나와는 상관없는 먼일처럼 여겨지겠죠. 그런데 주위를 둘러보면 꼭 남의 일만은 아니라는 생각이 들 겁니다. 집안에 나이 지긋하신 조부모님이나 편찮은 어르신이 계시면 죽음이 조금 더 현실적으로 다가오겠지요. 만약 여러분이 머지않아 죽는다는 사실을 알게 된다면 어떤 생각이 들 것 같나요? 그리고 남은 시간 동안 무슨 일을 하고 싶나요? 분명 죽음은 누구에게나 예고 없이 닥치는 일이지만, 지금은 선뜻 질문에 답하기가 어렵고 상상조차 잘 안 될 겁니다. 〈인생은 아름다워〉는 죽음을 앞둔 아내의 첫사랑을 찾아 나서는 어느 부부의 여정을 그린 뮤지컬 영화입니다. 영화는 이들을 비추며 인생과 죽음이라는 묵직한 주제를 음악과 함께 유쾌하면서도 감동적으로 풀어냅니다.

첫사랑을 찾아서

헌신적인 엄마이자 아내로 하루하루를 살아가는 세연은 어느 날 의사에게 날벼락과도 같은 소식을 듣습니다. 자신이 폐암 말기이며 살날이 2개월 정도밖에 남지 않았다는 겁니다. 매사에 날카롭고 불만이 많은 남편 진봉은 세연이 시한부 판정을 받은 날에도 위로는 커녕 버럭 성질을 냅니다. 미련하게 왜 병에 걸린 것도 모르고 살았냐며 소리치죠. 그는 아들의 수능이 얼마 안 남았으니 아이들한테는 당분간 이 사실을 전하지 말라고 말하기도 합니다.

청천벽력 같은 소식을 들은 다음 날에도 세연의 시간은 똑같이 흘러갑니다. 진봉은 수험생 아들 생각은 않고 미역국을 끓였다며 세연에게 타박을 줍니다. 고등학생 아들은 도시락을 손에 쥐여 주는 엄마에게 고맙다는 말 한마디 건네지 않고, 중학생 딸은 엄마의 간섭이 귀찮다며 짜증만 냅니다. 사실 이날은 세연의 생일날이었습니다. 세연은 자신의 상황이 서글프기만 합니다. 그녀는 죽음을 앞두고 그간의 인생을 돌이켜 보다가 자신이 가장 행복했던 순간을 떠올립니다. 그리고 느닷없는 결심을 합니다. 오랜 세월 마음속으로만 품고 지내던 그리운 첫사랑을 찾아 나서기로요.

마지막 생일 선물로 고등학교 시절 자신의 첫사랑을 찾아 달라는 세연의 협박(?)에 진봉은 황당해하지만, 세연은 좀처럼 고집을 꺾지 않습니다. 결국 진봉은 마지못해 아내를 따라 여행길에 나섭니다. 두 사람은 아무런 단서도 없이 첫사랑의 이름 세 글자만 가지고 무작정 전국 곳곳을 누빕니다. 그렇게 세연의 시간은 짝사랑하던 선배 정우를 처음 만난 고등학교 시절로 돌아갑니다.

세연의 고향은 전라남도 목포입니다. 어머니가 일찍 돌아가셔서 조금 힘든 청소년기를 보냈죠. 진봉을 만나 결혼한 뒤 살림과 자녀 교육을 위해 아등바등 살다 보니 자신만을 위한 시간과 돈을 쓰진 못하고 살아왔습니다. 돌이켜봤을 때 세연이 가장 행복했던, 오롯이 자신을 위해 살았던 시기는 고교 시절 이웃 남자고등학교 선배 정우를 만났을 때입니다. 두 사람은 방송반 연합 동아리에서 만나 서울까지 방송국 공개 방송을 보러 갈 정도로 다정한 사이였습니다. 어찌 된 일인지 두 사람은 서로 좋아하고도 헤어지게 됐고, 세연에게는 아쉬운 추억으로 남아 있었죠.

세연이 첫사랑을 애틋하게 생각하는 건 이뤄지지 못했기 때문입니다. 두 사람은 서로 마음이 있는 듯 보였지만 갑작스레 헤어지게

됐고, 그 후로 다시는 만나지 못했습니다. 세연에게 첫사랑이라는 아쉬움 가득한 과거가 있다면, 진봉에게도 가슴에 남은 회한이 있습니다. 젊은 시절 진봉은 군 입대까지 미뤄 가며 행정 고시를 준비했습니다. 하지만 야속하게도 합격의 행운은 찾아오지 않았습니다. 그 뒤로도 포기하지 않고 시험에 수차례 도전하던 진봉이 행정 고시를 포기하게 된 건 세연과의 결혼 때문이었습니다. 가족들의 등쌀에 선을 보게 됐다는 세연의 말을 듣고, 이대로는 안 되겠다 싶어 빠르게 취업이 가능한 일자리를 알아볼 수밖에 없었죠.

과거를 돌아보며 첫사랑의 추억을 되살리는 세연, 꿈을 향해 매진하던 젊은 시절을 떠올리는 진봉처럼 누구에게나 과거는 생각만으로 아련한 기억입니다. 시간을 돌릴 수 있다면 그때로 돌아가 다시 한번 행복을 누리고, 미처 도전하지 못했던 일을 시도하고 싶다는 마음이 들죠.

파랑새는 가까이에

세연의 첫사랑 찾기는 좀처럼 잘 풀리지 않습니다. 정우는 이미 고향을 떠난 지 오래고, 두 사람은 그의 흔적을 찾아 방방곡곡을 헤매지만 번번이 허탕을 칠 뿐입니다. 첫사랑을 찾기 위해 떠난 여정이었지만 시간이 흐를수록 부부의 추억 여행이 되어 갑니다. 둘은 길 위에서 과거 첫 만남의 기억을 떠올리기도 하고, 신혼여행의 추억을 꺼내 보기도 합니다. 대화가 이어지며 진봉의 입대를 앞두고 눈물겨운 작별을 하던 순간, 첫아이를 출산하던 때의 잊지 못할 에피소드도 함께 되살아납니다. 꽉꽉한 현실에 치여 잊고 살았지만, 세연과 진봉은 다른 연인 못지않게 서로를 열렬히 사랑했다는 사실을 새삼 깨닫습니다.

〈인생은 아름다워〉는 벨기에 극작가 모리스 마테를링크Maurice Maeterlinck의 동화극 〈파랑새〉를 떠올리게 합니다. 〈파랑새〉는 어린 남매가 크리스마스이브 밤에 꾼 꿈을 그린 연극입니다. 남매는 꿈속에서 파랑새를 찾아 달라는 요술쟁이 할머니의 부탁을 받고 길을 떠납니다. 온갖 신비한 곳들을 돌아다니지만 결국 파랑새를 찾는 데는 실패하죠. 기나긴 꿈속 여행을 끝내고 잠에서 깬 남매는 알고 보니 파랑새가 집 안에 있었다는 사실을 깨닫게 됩니다. 우리는 먼 곳에서 행복을 찾곤 하지만 정작 행복은 가까이에 있다는 게 이 작품이 전하는 메시지죠.

〈인생은 아름다워〉도 이와 결이 크게 다르지 않습니다. 세연은 사랑을 먼 과거에 두고 왔다고 믿으며 늘 그리워했지만 정작 멀지 않은 곳에 사랑이 있었음을 깨닫습니다. 언제나 자신 주변에 함께 하던 가족, 이웃, 친구가 있었기에 충분히 아름다운 인생이었다고 회상하죠. 그렇게 세연은 주변의 소중한 사람들과 함께 마냥 슬프지만은 않은, 의미 있는 마지막 순간을 준비합니다. 진봉 역시 젊은 날 인생 목표였던 행정 고시를 포기하고 현재는 고작 동사무소에서 일한다는 상실감에 젖어 살았지만, 그의 행복은 곁에 있는 세연과 아들딸에게서 비롯한다는 사실을 깨닫게 되고요.

많은 이들이 현실에 만족하지 못하고 아련한 과거를 되새기거나 막연한 미래의 행복만을 바라곤 합니다. 그리고 우리는 가까운 사람들의 소중함을 평소에는 잘 깨닫지 못하기 마련이죠. 그러다 현실에 예기치 못한 문제가 생기거나, 가까운 사람을 잃고 난 후에야 그들이 나에게 파랑새 같은 존재였음을 뒤늦게 알게 됩니다. 〈인생은 아름다워〉는 다음과 같은 질문을 던집니다. 인생에서 가장 찬란하게 빛나는 순간은 바로 지금이 아니냐고, 특별할 게 없는 듯해도 충분히 아름다운 게 인생 아니냐고 말이에요.

Title ▸ Soul · (소울) · 2020
Director ▸ 피트 닥터, 켐프 파워스
Cast ▸ 제이미 폭스(조 가드너 목소리 역), 티나 페이(22 목소리 역),
다비드 딕스(파울 목소리 역)

당신의 불꽃은 무엇인가요?

중요한 것은 꺾이지 않는 마음

"중요한 것은 꺾이지 않는 마음." 지난 2022년 말 우리나라를 뜨겁게 달군 최고의 유행어였죠. 대한민국 축구 국가대표 팀이 포르투갈과의 월드컵 조별 예선 3차전에서 극적으로 승리하며 16강 진출에 성공한 후, 선수들이 이 문구가 적힌 태극기를 들고 세리머니를 하면서 널리 알려졌습니다. 어떤 시련이 닥쳐도 쓰러지지 않고 목표를 향해 나아가겠다는 강한 의지가 담긴 말인데요, 어떤 일을 실행하는 데 있어 마음가짐이 얼마나 중요한지 새삼 깨닫게 하는 계기가 됐습니다.

　많은 사람이 꿈을 가슴에 품은 채 살아갑니다. 하지만 꿈은 노력만으로 이뤄지지 않습니다. 일정 수준의 재능과 운도 따라야 하죠. 반대로 재능과 운이 있어도 충분한 노력 없이는 꿈을 이루기 어렵고요. 어린 시절에는 누구나 원대한 꿈을 꾸곤 하지만 대다수는 그 꿈에 다다르지 못합니다. 꿈이 현실이 되는 행운은 언제나 극소수의 몫이죠.

　누군가는 꿈을 이루지 못한 인생이 보잘것없다고 여기곤 합니다. 무의미한 삶을 살았다고, 실패한 인생이라고 자책하기도 하죠. 하지만 정말 그럴까요? 꿈을 실현하지 못한 이들의 삶은 불행하기만 한 걸까요? 애니메이션 영화 〈소울〉은 인간이 지구에 탄생하기 전 영혼 상태로 머무는 '태어나기 전 세상'이 있다는 상상력에서 출발한 작품입니다. 예기치 못한 사고로 영혼이 된 주인공 조, 지구에 가고 싶지 않은 영혼 22가 함께 떠나는 특별한 모험을 그리죠. 영화는 우리에게 꿈의 진짜 의미가 무엇인지, 무엇이 삶을 진정 가치 있게 만드는지 묻습니다.

꿈이 이뤄지는 순간 찾아온 불행

　미국 뉴욕에 사는 주인공 조는 재즈 피아니스트이자 중학교에

서 밴드부를 지도하는 음악 교사입니다. 아침에 눈을 떠서 잠들 때까지 오직 음악 생각뿐인 그는 재즈 피아니스트로서 최고의 밴드와 함께 멋진 공연을 하고 싶다는 꿈을 안은 채 살아갑니다. 비정규직 교사로 불안정한 삶을 살던 조에게 어느 날 교장은 정규직 교사 자리를 제안해요. 그리고 같은 날, 그에게 믿기지 않는 또 하나의 기회가 찾아옵니다. 평소 우상으로 여기던 뉴욕 최고의 재즈 뮤지션 도로테아가 이끄는 밴드로부터 합류 제안을 받은 거예요. 꿈에 그리던 무대에서 첫 공연을 앞둔 바로 그날, 조는 그만 예기치 못한 사고를 당하고 맙니다.

꿈이 막 이뤄지려던 찰나에 세상을 떠나게 됐다니, 사후 세계를 헤매던 조는 좀처럼 죽음을 받아들이지 못합니다. 영혼이 된 그는 우연히 '유 세미나'라는 곳에 떨어집니다. 유 세미나는 인간으로 태어나기 전 아기 영혼들이 저마다 성격과 관심사를 형성하는 곳입니다. 아기 영혼들은 멘토와 함께 다양한 활동을 하며 지구로 가는 마지막 관문과도 같은 자신만의 '불꽃'을 찾는데, 이미 죽은 영혼들이 이 멘토 역할을 맡습니다.

한편 유 세미나에는 유일하게 지구에 가고 싶어 하지 않는 영혼 22가 있습니다. 그동안 링컨, 간디, 테레사 수녀 등 내로라하는 멘토들이 그의 불꽃을 찾아 주려 했지만 모두 포기한 채 두 손 두 발을 들었죠. 우연한 계기로 조는 멘토로 오인돼 골칫거리 영혼 22와 함께하게 됩니다. 다시 지구로 돌아가기 위해 고심하던 그는 한 가지 아이디어를 떠올려요. 22가 아직 발견하지 못한 불꽃을 찾아 준 뒤 지구 통행증을 넘겨받으면 자신이 대신 지구에 갈 수 있겠다고 생각한 거예요. 인생에 대해 시큰둥한 22는 조의 제안을 수락하고, 지구로 가는 통행권을 발급받으면 조에게 줘 버린 뒤 자신은 유 세미나에 영원히 머물겠다고 마음먹습니다.

삶을 새롭게 바라보다

영화 전반부에는 불꽃이 정확히 무엇을 의미하는지 구체적으로 나오지 않습니다. 불꽃이 타고난 재능 같은 것이리라 넘겨짚은 조는 22가 관심 있고 잘할 수 있는 게 무엇인지 찾아 주려 애씁니다. 하지만 어떤 의지도 의욕도 없는 22에게 불꽃이 생길 리 없습니다. 조는 길 잃은 영혼을 구해 주는 문원드라는 모험가에게 도움을 요청하고, 우여곡절 끝에 조와 22는 함께 지구로 향하게 됩니다. 그런데 이게 무슨 일일까요? 조의 몸에는 22가, 그리고 근처에 있던 고양이의 몸에 조의 영혼이 들어가 버린 겁니다. 조는 말도 안 되는 상황 속에서 어떻게든 22를 구슬려 이날 밤 있을 공연 무대에 오르기 위해 고군분투합니다.

한편 조의 몸에 들어간 22는 난생처음 겪는 새로운 경험을 하게 됩니다. 그간 유 세미나에서 22는 직접 경험해 본 것이 하나도 없었습니다. 누군가의 이야기를 듣고 혼자 생각만 하는 간접 경험을 했을 뿐이었죠. 조의 몸에 들어간 22는 사람들이 떠드는 소리, 따사로운 햇살, 음식의 맛 등을 처음으로 생생하게 느낍니다. 지구에 대해 전부 안다고 생각했지만, 눈앞에 펼쳐진 모든 게 새롭고 신비하게 다가옵니다. 자신의 몸에 들어간 22 옆에서 세상을 안내하면서 조 역시 많은 것들을 깨닫습니다. 고양이의 몸에 들어간 덕분에 자신과 주변 상황을 좀 더 객관적으로 바라보는 경험을 하기도 합니다. 조는 그간 사소하다고만 여겼던 것들을 새로운 시선으로 바라보며 놓치고 있던 삶의 소중한 순간들을 깨치고, 인생의 진정한 의미를 되돌아보죠.

재즈 같은 인생

주인공을 재즈 피아니스트로 설정하는 등 〈소울〉이 재즈를 중심 소재로 삼은 이유는 무엇일까요? 재즈의 가장 큰 특징은 즉흥성입니다. 악보가 있어도 연주자의 감정이나 현장의 분위기에 따라 매번 완전히 다른 연주가 펼쳐지죠. 인터플레이 역시 재즈의 주요 요소입니다. 인터플레이는 여러 명의 연주자가 음악적으로 상호작용하며 긴장감 넘치고 수준 높은 연주를 해 나가는 것을 뜻해요. 악보대로 고지식하게 연주하는 게 아니라 연주자들끼리 밀고 당기듯 서로에게 몰입하고 변주를 주며 협연하는 것 말이에요. 재즈 바 같은 데서 누군가 즉흥연주를 시작하면 동료 연주자들이 자연스럽게 이에 맞춰 조화로운 연주를 펼치는 장면, 영화나 드라마에서 한 번쯤 본 적 있죠? 〈소울〉에서 조가 오디션을 치르다가 자기만의 세계에 빠져 피아노를 홀로 연주하자, 도로테아가 화를 내기는커녕 놀라운 연주라고 인정하는 대목은 이런 재즈의 특성을 잘 보여 주는 장면입니다. 재즈는 계획대로, 틀에 맞춰 살기 어려운 우리네 인생을 은유합니다. 사람은 살다 보면 예기치 못한 길로 접어들 수 있습니다. 그럴 때 우리가 할 수 있는 건 새로운 인생 여정에 맞춰 유연하게 적응하며 살아가는 일이죠.

자신의 몸에 들어간 22가 자기 친구와 처음 봤으면서도 술술 대화를 나누자 조는 어떻게 그게 가능했는지 묻습니다. 22는 "재즈 좀 했지."라고 답하죠. 재즈처럼 상황에 맞춰 즉흥적으로 이야기를 주고받았다는 의미입니다. 있는 그대로 자연스럽게 행동하는 22에게 조는 "음악과 인생은 완전히 다른 원리야."라고 반박합니다. 재즈에 인생을 걸었지만, 정작 그가 삶이 재즈와 다를 게 없다는 사실은 깨닫지 못했다는 걸 엿볼 수 있습니다.

음악을 삶의 유일한 목적으로 여기던 조는 꿈에 그리던 도로테아와의 공연을 성공적으로 마친 후 허무함을 느낍니다. 꿈을 이루면 뭔가 특별한 기분을 느낄 수 있을 줄만 알았는데, 상상했던 것과 달리 아무런 일도 일어나지 않자 실망하기도 합니다. 그간 22와 함

께 불꽃을 찾아 헤매면서 조는 그것을 삶의 특별한 목적 같은 거라
고 여겼습니다. 비로소 조는 깨닫습니다. 삶에서 거창한 목표와 성
취만이 가치 있는 것이 아니라는 사실을요. 나뭇잎 사이로 쏟아지
는 햇살을 느끼고, 맛있는 음식을 먹고, 오랜 친구와 대화하며 웃음
을 터트리고, 가족과 깊은 마음을 나누는 이 모든 순간이 결국 나를
만들고 내 삶을 이룬다는 것을 말이지요. 〈소울〉은 모든 여정이 거
창하고 대단하지 않아도 괜찮다고, 꼭 무엇이 되지 않더라도 하루
하루의 일상을 보내는 것만으로도 우리 삶이 충분히 가치 있다고
말하는 영화입니다.

Title ▸ Nomadland · 〈노매드랜드〉 · 2020
Director ▸ 클로이 자오
Cast ▸ 프랜시스 맥도먼드(펀 역)

길 위의
삶을 택하다

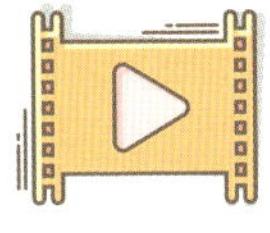

유랑하는 삶의 의미

오랫동안 터전을 이루어 살던 곳에서 이웃들이 하나둘씩 떠나 갑니다. 긴 시간 사람의 손길이 닿지 않은 집들은 폐가가 됩니다. 일 자리가 사라지고, 함께 사는 가족도 없습니다. 여러분이 이런 상황 에 놓인다면 어떤 선택을 할 건가요? 아마 대부분 다른 곳으로 이주 를 택할 것입니다. 새로운 곳에 정착해 직장도 구하고, 다시 뿌리를 내리려 노력하겠죠. 같은 질문에 영화 〈노매드랜드〉는 조금 다른 답 을 내놓습니다. 영화는 평범한 보통의 삶을 뒤로하고 새로운 삶을 찾아 길 위에 선 주인공의 여정을 따라갑니다.

주인공 펀은 미국 네바다주 엠파이어라는 작은 도시에 살았습니다. 석고 광산이 있던 이곳은 한때 석고 산업으로 호황을 이뤘습니다. 하지만 제조업이 점차 쇠퇴하고 2008년 금융 위기까지 몰아치며 도시는 서서히 몰락의 길을 걷게 됩니다. 2011년, 지역의 가장 큰 석고 공장이 문을 닫으면서 일자리를 잃은 사람들은 도시를 떠났습니다. 마을은 적막에 잠기고, 우편번호까지 사라져 엠파이어는 결국 유령 도시가 됐습니다. 남편마저 병으로 세상을 떠나자, 더 이상 이곳에 살 이유를 찾지 못한 펀은 추억이 깃든 도시를 뒤로 한 채 작은 밴을 타고 무작정 길을 떠납니다. 그는 최소한의 생활을 이어 가기 위해 인터넷 쇼핑 업체 아마존의 물류 창고에서 단기 아르바이트를 합니다. 회사에서 떠돌이 생활을 하는 직원들을 위해 마련해 준 캠핑 구역에 밴을 세워 놓고 그 안에서 숙식을 해결하죠.

그러던 어느 날 펀은 일하다 만난 동료 린다의 소개로 자신처럼 길 위에서 살아가는 사람들의 공동체, '고무바퀴유랑자모임(RTR)'의 존재를 알게 됩니다. RTR은 펀처럼 차 한 대만 끌고 이곳저곳 떠돌며 사는 유랑자들의 공동체입니다. 린다는 함께하자고 제안하지만 혼자가 편한 펀은 이를 거절하죠.

단기 아르바이트가 끝나 더 이상 캠핑장을 이용할 수 없게 된 펀은 길 위에서 고독과 불안, 추위에 떨다 따뜻한 남쪽으로 향합니다. RTR에 찾아가기로 마음먹은 거예요. 펀은 그곳에서 다시 린다를 만

나고 자신과 비슷한 처지의 사람들과 교류합니다. 서로 필요 없는 물품을 교환하고, 유랑 생활 노하우를 공유하기도 하죠. 모닥불 앞에 모인 사람들은 한곳에 정착하지 않고 떠돌게 된 저마다의 사연을 털어놓고, 소소한 축제를 즐기며 우정을 나누기도 합니다. 세상에 홀로 남겨졌다고 느끼던 펀은 마음과 몸을 의지할 수 있는 공동체 생활을 하며 위안을 얻습니다. 그리고 본격적으로 유랑자 생활을 시작하죠.

유랑하는 삶은 고단합니다. 추위에 떨며 불편하게 잠을 자야 하고 혹여 낯선 이가 해코지하진 않을까 하는 두려움도 불쑥불쑥 찾아옵니다. 안락함과는 거리가 한참 멀죠. 하지만 그 대가로 얻는 기쁨도 만만치 않습니다. 자연이 빚어낸 멋진 풍경 안에 파묻혀 식사를 즐기고, 어딘가에 얽매이지 않는 삶이 가져다주는 특별한 자유도 만끽할 수 있습니다.

집, 추억과 기억이 담긴 곳

사실 펀은 마음만 먹으면 유랑자 생활을 중단하고 예전처럼 한곳에 머물며 정착하는 삶을 살 수도 있습니다. 그에게 안정적인 생활을 할 수 있는 몇 번의 기회도 찾아옵니다. 밴이 고장 나는 바람에 급하게 수리비가 필요해진 펀은 돈을 빌리기 위해 오랫동안 만나지 못한 언니를 찾아갑니다. 부유한 동네의 근사한 집에 사는 펀의 언니는 동생에게 이제 떠돌이 생활을 그만하고 자신의 집에서 함께 살자고 권합니다. 유랑 생활을 하다 만나 깊은 마음을 주고받은 데이브도 펀에게 비슷한 제안을 합니다. 데이브는 집이 있음에도 아들과의 관계가 불편해 유랑 생활을 하던 중이었는데, 우여곡절 끝에 아들과 화해한 뒤 다시 집으로 돌아가게 됩니다. 자신의 집에 방문한 펀에게 데이브는 이곳에서 함께 살지 않겠냐고 묻죠. 앞서 언니의 제안을 거절한 펀은 데이브 몰래 아침 일찍 그 집에서 나와 다시 밴에 몸을 싣습니다.

펀은 왜 언니와 데이브의 제안을 마다했을까요? 힘들이지 않고 안락한 집에서 편안한 생활을 누릴 수 있는데 말이죠. 펀은 물질적인 행복보다 정신적인 행복을 추구하는 사람으로 보입니다. 마음이 편하지 않으면 아무리 안락하고 근사한 곳이라도 자신의 집이라는 생각이 전혀 들지 않는 거예요. 그는 자신과 가치관이 다른 언니와 살기 불편했을 것이고, 가족들과 화목하게 지내는 데이브의 삶에 불청객처럼 끼어들고 싶지 않았을 겁니다. 또한 펀이 언니나 데이브의 집에 살 수 없는 이유는 기억의 부재 때문이기도 합니다. 구성원들이 오랜 시간 그 집에서 살며 쌓아 온 추억이 펀에게는 없으니까요. 다시 말해 그에게 집은 추억이고 기억인 셈입니다.

집에 대한 그의 가치관은 영화 초반 직장 동료의 딸과 나누는 대화에서도 엿볼 수 있습니다. 소녀는 막 유랑 생활을 시작한 펀에게 "엄마 말로는 집이 없으시다던데 진짜예요?"라고 묻습니다. 펀은 "집이 없는 것(homeless)은 아냐. 거주지가 없는 것(houseless)이지."라고 답합니다. 일반적인 형태는 아니어도 엄연히 밴이라는 자신만의 집(home)이 있는데, 지붕 있는 집(house)을 소유하지 않았다는 이유로 홈리스, 곧 노숙자 취급을 받을 수는 없다는 겁니다. 펀에게 집은 물질적인 의미를 지닌 곳이 아니라 온전히 마음 놓고 휴식할 수 있는 안식처로 다가옵니다. 아무리 좁고 불편해도 펀에게는 밴이 집이고, 자신에게 가장 큰 편안함을 주는 공간입니다.

삶을 새롭게 바라보다

영화에 등장하는 유랑자들은 저마다의 사연을 안고 있습니다. 일만 하다 세상을 떠난 동료를 보고 사회에 환멸을 느껴 회사를 뛰쳐나온 사람, 시한부를 선고받고 병원이 아닌 길로 향한 사람, 평생을 부지런히 일했지만 턱없이 모자라는 노후 연금으로 도저히 집세를 감당할 수 없어 유랑을 택한 사람, 미국 전역을 돌며 자연 속에서 여행하는 것이 인생의 목표인 사람까지…, 유랑하는 삶을 살게 된 배경은 각각 다르지만 다들 자신만의 가치를 지키기 위해 길 위에 섰다는 점은 공통적이죠. 한 가지 흥미로운 사실은, 영화에 등장하는 다수의 유랑자가 연기자가 아니라 실제 길 위의 삶을 사는 인물들이라는 것입니다. 영화는 허구와 현실의 경계를 넘나들며 자연스럽게 관객이 이들의 이야기에 귀 기울이고 작품 깊숙이 빠져들도록 이끕니다.

〈노매드랜드〉는 2021년 골든글로브 시상식에서 작품상과 감독상, 미국 아카데미상 시상식에서 작품상과 감독상, 여우 주연상을 휩쓸었습니다. 클로이 자오 감독은 아시아계 여성 감독으로서 최초로 작품상과 감독상을 수상하는 영예를 안았죠. 중국계 미국인인 감독은 중국에서 태어나 영국과 미국에서 학창 시절을 보낸 후 미국에서 작품 활동을 펼치고 있습니다. 거주지를 여러 군데 옮겨 다니면서 그 역시 유랑하는 인생을 살아온 셈입니다. 자연스럽게 집에 대한 사유도 남달랐을 것으로 보이죠.

세상에는 한곳에 정착하며 사는 삶뿐만 아니라 새로운 삶의 방식도 있음을 감독은 보여 줍니다. 길 위의 삶을 택한 사람들을 특별한 잣대로 바라보거나 규정하지 않고, 그들을 연민하거나 미화하지도 않죠. 사람들을 울타리 밖으로 내모는 21세기 미국 사회의 삭막한 현실을 은유하고 있지만, 사회를 변혁해야 한다는 식의 직접적인 메시지를 던지지도 않습니다. 그저 유랑 생활을 이어 가는 이들의 이야기를 묵묵히, 담담하게 그립니다.

영화 후반부에서 펀은 마음에 남아 있던 짐을 벗어던지고 자신이 소중히 여기는 가치를 따라 다시 여정을 떠납니다. 갈수록 물리적인 집을 향한 사람들의 집착과 욕망이 커져만 가는 요즘, 여러분이 꿈꾸는 이상적인 집의 모습은 어떤가요? 앞으로 어떤 삶을 살고 싶나요? 집이란 어떤 의미인지, 집을 집으로 만드는 건 무엇인지, 〈노매드랜드〉가 던진 질문을 곱씹게 됩니다.

Title ▸ Gravity · 〈그래비티〉 · 2013
Director ▸ 알폰소 쿠아론
Cast ▸ 샌드라 불럭(라이언 스톤 역), 조지 클루니(맷 코왈스키 역)

슬픔이라는 중력을
받아들이는 용기

극한의 우주 생존기

1961년 소련의 우주 비행사 유리 가가린Yury Gagarin이 인류 최초로 우주 비행에 성공한 이래 어느덧 60여 년이 흘렀습니다. 하지만 우주를 경험한 이들은 여전히 극소수입니다. 로켓 발사와 우주선의 지구 귀환이 비행기 이착륙처럼 쉽게 이뤄지지 않는 이상 우주는 아직까지 일반인에게 멀고도 먼 곳이죠. 아무나 우주인이 될 수 있는 것도 아닙니다. 인류 과학 발전에 이바지할 수 있는 소수의 엘리트에게만 주어지는 역할이죠. 우주를 향한 남다른 꿈, 제한된 공간에서 임무를 다할 수 있는 뛰어난 지능, 빼어난 체력과 신체 조건까지 갖춰야 합니다. 우주로 향하기 위해 강도 높은 훈련을 받아야 하는 건 물론이고요.

오늘 살펴볼 영화 〈그래비티〉 속 주인공은 여느 우주인과 다른 듯합니다. 그가 우주인이 된 이유는 우주에 대한 호기심이나 우주 개발에 대한 사명감 때문이 아니거든요. 영화는 우주를 탐사하던 주인공이 생사의 갈림길에서 고군분투하는 일련의 과정을 그립니다. 주인공의 우주 생존기를 통해 한 인간이 내적으로 성장하는 과정을 들여다볼 수 있지요. 주인공의 사연은 특별하면서도 보편적입니다. 그는 어떤 일로 우주인이 되었고, 우주 재난을 겪으며 어떻게 거듭나게 될까요?

슬픔으로부터의 도피

영화 〈그래비티〉는 우주에서 허블 망원경•을 수리하는 미국항공우주국(NASA) 대원들의 모습으로 시작합니다. 주인공 라이언 스

● **허블 망원경** 우주 공간에서의 천체 관측을 목적으로 개발된 고성능 망원경으로 1990년 4월 24일 NASA의 우주왕복선 디스커버리에 실려 발사되었다. 미국의 천문학자 에드윈 허블의 이름을 딴 허블 우주 망원경은 고도 600킬로미터 지구 저궤도에 자리 잡고 인류의 시야를 넓혀 주고 있다.

톤 박사는 NASA 소속 엔지니어로, 이번이 그의 첫 우주 비행입니다. 작업을 지휘하는 베테랑 우주 비행사 맷 코왈스키는 옆에서 대원들을 지켜보며 여러 조언을 해 줍니다. 고요하고 평화롭기만 하던 장면은 일순간 돌변합니다. 러시아가 미사일로 자국의 인공위성을 파괴하는 과정에서 일이 잘못돼, 다른 여러 위성까지 폭파되면서 그 잔해들이 작업 중이던 대원들을 덮친 겁니다. 이로 인해 스톤 일행이 타고 돌아가야 할 우주선은 파괴되고, 대원들 가운데 스톤과 코왈스키만 살아남습니다.

두 사람은 우주를 유영하며 살길을 모색합니다. 코왈스키는 공포에 휩싸인 스톤을 안정시키려는 듯 계속 말을 걸고, 그 과정에서 스톤의 과거가 조금씩 드러납니다. 과거에 스톤은 사고로 어린 딸을 잃었습니다. 슬픔에 휩싸인 그는 집에서 직장으로, 직장에서 집으로 운전만 하며 조용히 오가는 무미건조한 삶을 살았습니다. 그렇게 운전만 하다 보니 어느덧 우주까지 오게 됐다고 스톤은 이야기합니다. 여기서 운전은 곧 도피를 의미합니다. 슬픔에서 벗어나기 위해 목적지 없이 내달렸고, 어느새 자신도 모르게 우주인이 됐다는 겁니다. 우주인이 돼 무얼 하겠다는 목적이나 사명감은 없었던 셈입니다. 우주에 와서 제일 좋은 게 무엇이냐고 묻는 코왈스키에게 스톤은 '고요함'이라고 답합니다. 스톤이 딸을 잃은 슬픔을 잊기 위해 번뇌와 상처로 가득한 지구를 벗어나 우주까지 오게 됐음을 암시하는 대목입니다.

코왈스키에게 자신의 사연을 제법 덤덤하게 이야기하는 것처럼 보이지만 스톤은 여전히 상실에서 비롯된 마음의 상처를 극복하지 못했습니다. 캄캄한 우주에서 예기치 못한 재난을 맞이하게 된 스톤은 살아남기 위해 사투를 벌이는 과정에서 마음 깊숙이 자리한 상처를 마주합니다.

작용과 반작용

영화에는 작용과 반작용의 법칙이 여러 차례 등장합니다. 작용과 반작용의 법칙이란 한 물체가 다른 물체에 힘(작용)을 주면, 힘을 받은 물체는 크기는 같고 방향이 반대인 힘(반작용)을 상대 물체에 가하게 된다는 것입니다. 무중력 상태의 우주는 아주 작은 힘으로도 작용·반작용이 발생하는 곳입니다. 영화에서 스톤이 위성 잔해 때문에 첫 위기를 맞게 된 것부터가 작용과 반작용의 결과였죠. 파편이 우주 망원경에 부딪히는 작용에 대한 반작용으로 스톤은 한순간에 멀리 튕겨 나갑니다. 당혹과 두려움 속에서 우주 공간을 헤매던 스톤은 코왈스키 덕분에 구사일생으로 구조됩니다. 코왈스키와 스톤은 서로를 케이블로 단단히 고정한 뒤 근처에 있는 국제우주정거장(ISS)으로 가 지구로 귀환하려는 계획을 세웁니다. 하지만 ISS로 향하던 중 두 사람은 또 한번 난관에 부딪히고, 이대로라면 둘

다 살아남을 수 없다고 판단한 코왈스키는 스톤을 살리기 위해 둘을 연결하고 있던 케이블을 끊은 뒤 저 먼 우주로 사라집니다. 스톤은 ISS에서 풀려나온 낙하산 줄에 다리가 걸린 덕분에 천만다행으로 ISS와 멀어지지 않을 수 있었지만, 코왈스키는 케이블로 스톤과 연결된 채 간신히 버티는 상황이었거든요. 스톤의 발에 걸린 낙하산 줄이 점점 풀리기 시작하자 코왈스키는 케이블 연결 고리를 푼 거예요. 그가 줄에서 떨어져 나가면서 발생한 힘이 스톤에게 전해진 덕분에 스톤은 다시 ISS에 가까이 다가갈 수 있게 됩니다. 코왈스키의 희생으로 스톤이 간신히 생존한 순간에도 작용과 반작용의 법칙이 작동한 것입니다.

영화에서 작용과 반작용의 법칙은 단순한 물리법칙을 넘어 비유적인 의미로도 활용됩니다. 작용과 반작용은 같은 방향으로 이뤄지지 않습니다. 언제나 어떤 힘이 발휘(작용)되는 방향의 정반대 방향으로 반작용이 발생하죠. 이를 스톤의 인생에도 적용할 수 있습니다. 스톤은 딸을 잃은 슬픔(작용)에 따른 반작용으로 우주까지 오게 됐다고 볼 수 있으니까요.

그동안 스톤은 살아 있지만 죽은 상태와 마찬가지였습니다. 딸을 잃은 충격에서 헤어나지 못해 별다른 삶의 목표도, 생에 대한 의지도 없었죠. 하지만 극한의 우주에서 절체절명의 위기를 겪고 이를 극복해 나가는 과정에서, 그는 삶에 대한 애착을 느끼며 이전과 완전히 다른 인물로 거듭납니다.

이와 관련해 영화에는 꽤 상징적인 장면이 등장합니다. 우주복 내 산소가 떨어져 의식을 잃어 가던 스톤은 간신히 ISS 내부로 들어가 산소를 마시고 정신을 차리는데요, 이때 우주복을 벗고 몸을 웅크린 채 잠을 자듯 쉬는 스톤의 모습이 마치 엄마 배 속의 태아처럼 보여요. 스톤이 삶에 대한 의지를 되찾고 새롭게 태어났음이 시각적으로도 전해지죠.

중력을 받아들이다

스톤은 갖은 고난 끝에 마침내 착륙용 캡슐을 타고 지구로 향합니다. 캡슐이 대기권에 접어든 이후부터 스톤은 지구에 존재하는 중력의 영향을 받습니다. 캡슐은 극적으로 지구 어딘가의 호수에 불시착하고, 스톤은 간신히 캡슐을 탈출해 강가로 헤엄쳐 나와요. 그리고 후들거리는 두 발로 땅을 딛고 일어나 힘차게 걷기 시작합니다.

영화의 제목인 '그래비티'는 중력을 의미합니다. 다들 알다시피 중력은 지구 위의 물체가 지구로부터 받는 힘으로, 언제나 지구의 중심을 향해 작용해요. 중력은 사람이 지구에 살도록 하는 중요한 요소 중 하나죠. 영화에서 이 중력을 스톤의 삶과 관련해 또 다른 의미로 해석해 볼 수 있습니다. 스톤은 자신을 자꾸만 과거로 끌어

당기는 슬픔에 힘겨워하다, 고요하고 그 어떤 아픔도 없는 무중력 상태의 우주로까지 향했습니다. 고난을 직면하는 일이 버거워 회피해 버리고 만 것이죠. 하지만 생사를 건 사투 끝에 스톤은 다시 살아갈 이유를 되찾고 현실을 직면하기로 마음먹습니다. 중력이 작용하는 지구에서 기꺼이 삶의 무게를 짊어지기로 다짐하죠.

중력이 존재하기에 우리는 넘어지기도 하고 서 있기도 합니다. 때로 슬픔과 상처는 우리를 무너뜨리고 좌절시키지만, 역설적으로 삶을 살아가는 힘이 되기도 하죠. 스톤이 슬픔이라는 중력을 받아들인 뒤에야 비로소 두 발로 홀로 설 수 있게 된 것처럼 말입니다.

Title ‣ Everything Everywhere All At Once ·
〈에브리씽 에브리웨어 올 앳 원스〉· 2022
Director ‣ 다니엘 콴, 다니엘 쉐이너트
Cast ‣ 양자경(에블린 역), 스테파니 수(조이 역), 키 호이 콴(웨이먼드 역)

쳇바퀴 같은 오늘이
의미 있는 이유

후회로 점철된 오늘을 살고 있나요?

사람들이 사는 동안에 가장 많이 하는 생각은 무엇일까요? 앞날에 대한 여러 걱정도 많겠지만 지난날에 대한 후회가 적지 않을 겁니다. 만약 내가 그때 그렇게 하지 않았다면, 만약 그때 사정이 지금과 달랐다면 등 가정법을 동반한 되돌아보기를 하는 경우가 자주 있죠. 하루를 돌아볼 때도 '만약'이 뒤따르곤 합니다. 만약 늦잠 자지 않고 버스를 제시간에 탔다면, 버스를 놓친 후 택시라도 빠르게 잡았다면, 지각했더라도 들키지 않았다면 하는 식으로 꼬리에 꼬리를 물며 생각이 이어지고는 합니다. 살아온 날들에 회한이 밀려올 때면 더욱 뼈저리게 과거를 되짚게 되죠.

〈에브리씽 에브리웨어 올 앳 원스〉는 후회라는 소재를 무수히 다양하게 존재하는 다른 우주, 곧 다중 우주라는 소재로 풀어냅니다. 과거에 내가 하지 못한 선택의 길을 살아가는 또 다른 '나'들이 다중 우주에 동시에 존재한다는 설정을 바탕으로, 주인공 에블린의 이야기를 들려주지요. 에블린은 젊은 시절 홍콩에서 미국으로 건너온 중년 여성입니다. 그는 남편 웨이먼드와 동전 세탁소를 운영하고 있습니다. 20년 넘게 세탁소 운영에 몸 바친 에블린은 하루하루를 전투 치르듯 보냅니다. 몸만 분주한 게 아닙니다. 마음 또한 한시도 쉴 수 없습니다.

오늘도 당장 에블린은 엄격한 세무조사를 받아야 합니다. 자칫하면 가족의 밥줄인 세탁소를 뺏길 수 있습니다. 이 와중에 20대 딸 조이는 속을 썩입니다. 대학을 중도에 포기한 조이는 동성 연인 베키와 동거 중인데, 홍콩에서 와 계신 외할아버지 공공에게 연인을 소개하겠다고 하죠. 에블린은 문화적 차이 때문에 공공이 충격받을 거라며 만류하지만, 사실 그 역시도 자신의 딸과 베키와의 관계를 못마땅하게 여기는 듯합니다. 몸도 마음도 편치 않고 바쁘기만 한 에블린에게 남편은 갑작스레 이혼까지 요구합니다. 도대체 무엇부터 잘못된 걸까요? 영화는 에블린의 속 끓는 사연을 SF라는 의외의 장르를 활용해 스크린에 펼쳐 보여 줍니다.

실패한 인생? 알고 보니 '우주 구원자'

에블린의 고난은 어디서부터 시작된 걸까요? 부모가 반대하는 남자와 결혼해 미국으로 이민 오면서 인생행로가 꼬인 걸까요? 젊은 시절에 요리나 무술, 음악에 힘썼다면 만인의 환호를 받으며 부와 명예를 거머쥐지 않았을까요?

에블린이 무언가 선택할 때마다 인생은 조금씩 달라져 왔습니다. 선택의 기로에서 다른 대안을 찾았다면 또 다른 세상이 만들어졌을 겁니다. 영화는 그렇게 선택의 가능성만큼이나 많은 에블린이 여러 우주에 존재한다고 가정합니다. 그리고 지금 이곳 2020년대 지구에 살고 있는 에블린이 다중 우주의 악당 조부 투파키에 맞서야 하는 긴박한 상황으로 이어집니다. 세무서에서 서류를 확인받는 긴장되는 순간, 지금의 남편과 똑 닮은 '알파 웨이먼드'가 나타나 세상을 구해야 한다고 다그칩니다. 눈앞의 세무서 직원은 잘못된 영수증을 아멸차게 들이밀고, 알파 웨이먼드는 자꾸만 다른 우주로 끌어당기니 에블린은 정신을 차릴 수가 없습니다. 그런데 놀랍게도 에블린은 지금의 자신이었을지 모르는 다른 우주에 사는 에블린들의 다양한 능력을 흡수해 악당 무리에 대항합니다.

에블린은 실패한 인생을 자처하지만 어쩌면 그가 실패했기에 조부 투파키에 맞설 수 있게 된 건지도 모릅니다. 알파 웨이먼드는 이런 말들을 전합니다. "이루지 못한 목표와 버린 꿈이 너무 많아. 최악의 에블린으로 살고 있는 거야.", "당신이 실패의 길을 택했기에 다른 에블린들이 성공한 거야.", "무엇이든 할 수 있어. 무엇이든 너무 못하니까." 요컨대 에블린은 지금의 지구에서는 별 볼 일 없는 존재일지 모르나 다중 우주 전체에서 보면 모두를 살릴 최고의 구원자일 수 있습니다.

반복되는 동그라미의 의미

영화에는 계속해서 동그라미 이미지가 반복됩니다. 영화가 시작할 때 에블린과 웨이먼드, 조이가 행복하게 노래 부르는 모습이 동그란 거울 속에 비치고, 이윽고 에블린의 고통스러운 현실 속으로 이야기가 빨려 들어가는 매개체도 동그란 거울입니다. 에블린과 웨이먼드가 운영하는 세탁소는 둥근 동전으로 작동하는 세탁기로 가득합니다. 세탁기들은 동그란 통이 시계 방향으로 빙글빙글 돌아가며 작동됩니다. 에블린이 다중 우주를 경험할 때 종종 등장하는 인형 눈알 역시 원형이죠.

동그라미는 여러 의미를 내포합니다. 먼저 끊임없이 흐르는 시간을 뜻합니다. 에블린의 반복되는 일상을 의미하기도 하죠. 에블린은 동전 세탁소에서 매일매일 바쁘게 보내지만 늘 제자리를 맴도는 듯한 기분입니다. 오히려 시간만 흘렀을 뿐 상황은 악화된 걸로 보입니다. 고지식한 세무서 직원이 영수증을 지적하며 펜으로 동그라미를 연속해서 그리는데, 이는 쳇바퀴 같은 일상에 갇혀 버린 에블린의 상황을 연상시키기도 합니다.

한편 딸 조이의 모습을 한 조부 투파키는 블랙홀 같은 장치로 다중 우주를 멸망시키려 합니다. 시계 방향으로 빙빙 돌며 뭐든지 빨아들이는 이 장치는 둥근 베이글 모양입니다. 베이글은 에블린과 조이의 불화를 상징하는 음식입니다. 에블린은 조이가 베이글 같은 음식만 먹다 보니 살이 쪘다고 잔소리하고, 알파 웨이먼드가 에너지를 보충해야 한다며 건네는 베이글을 먹지 않고 던집니다. 무의식적인 행동이지만, 건강하고 온순한 딸로 키우는 데 방해가 되는 음식에 대한 반감으로 해석됩니다.

어머니 에블린의 과도한 기대가 버거웠던 조이는 칼로리가 높은 베이글 같은 음식을 폭식하며 스트레스를 풀었을 겁니다. 베이글은 조이가 겪은 억압과 체념, 분노의 결합체인 듯하죠. 그래서인지 베이글은 다중 우주의 수많은 조이가 모여 만들어진 악당 조부 투파키의 무지막지한 무기로 쓰이다가 끝내 조부 투파키, 즉 조이까지 삼켜 버리려 합니다. 허무주의에 빠진 조부 투파키(조이)가 모든 걸 포기하고 베이글 안으로 빨려 들어갈 때, 그를 구하는 이는 결국 에블린입니다. 에블린은 다중 우주를 구할 영웅으로 묘사되지만, 사실상 딸을 삶의 수렁에서 건져 내는 어머니 역할을 수행하는 것이죠.

하찮은 듯해도 소중한 오늘

알파 웨이먼드는 에블린에게 다중 우주에 대해 이렇게 설명합니다. "인생의 사소한 결정들이 엄청난 차이로 이어"지며, "결정의 갈림길마다 우주가 분열"된다고요. 에블린은 중요한 결정을 잘못해서 현재의 자신이 된 게 아닐지 모릅니다. 그렇다고 어떤 사소한 결정이 현재의 자신을 만들었는지도 알 수 없고요. 확실한 건 그가 남편과 함께 세탁소를 운영하며 살고 있고 사랑하는 딸의 방황을 잡아줘야 한다는 겁니다.

현실의 에블린은 외면하고 싶겠지만, 그는 다른 우주의 에블린보다 의미 있는 삶을 살고 있는지도 모릅니다. 돈과 명예를 가진 배우 에블린, 가수 에블린 곁에는 웨이먼드와 조이가 없기 때문입니다. 어느 다른 지구에서 배우 에블린은 자신과 헤어진 후 성공한 사업가가 된 웨이먼드와 오랜만에 재회합니다. 이때 웨이먼드는 "다른 생에선 당신과 함께 빨래방도 하고 세금도 내며 살고 싶어."라고 말합니다. 제아무리 화려한 삶을 누린다 해도 에블린과 결혼하지 못한 인생을 불행하게 여기고 있는 겁니다. 끝없는 노동에 시달리고 세금 문제로 골치 아프다 해도 사랑하는 이와 함께라면 더 바랄 게 없다는 웨이먼드의 말은 영화의 메시지를 오롯이 담고 있습니다. 오늘을 살아가는 나는 또 다른 내가 그토록 되고 싶었던 모습일 수 있다는 걸 말이죠.

조부 투파키를 대적할 상대가 다름 아닌 에블린인 점도 주제와 연결 지어 생각할 수 있습니다. 조부 투파키는 다중 우주를 파멸시키기 위해 에블린을 제거하려 들지만, 계속해서 에블린과 맞서는 장면만 반복됩니다. 마치 딸 조이가 에블린에게서 벗어나고 싶어 하면서도 에블린의 사랑을 갈구하는 것처럼요. 조이가 벗어나고 싶은 건 엄밀히 말하면 어머니라는 존재 자체가 아니라, 지나친 기대와 과잉 관심과 잔소리일 겁니다.

조이(조부 투파키)가 베이글 블랙홀에 빨려 들어갈 때 에블린은 혼신의 힘을 다해 그를 붙잡습니다. 조이는 "엄마는 뭐든 될 수 있고, 어디든 갈 수 있잖아. 왜 그런 곳으로 가지 않는 거야? 엄마 딸의 모습이 안 이런 곳!"이라고 묻습니다. "이곳은 그래 봐야, 상식이 통하는 것도 한 줌의 시간뿐인 곳"이라고 말하면서요. 이에 에블린은 "소중히 할 거야. 그 한 줌의 시간을."이라고 답합니다. 지금 이곳의 우리보다 훨씬 근사한 또 다른 우리가 다중 우주 어느 곳에 있더라도, 우리는 또 다른 우리가 될 수 없습니다. 그동안 내가 잘한 일과 잘못한 일, 나에게 다가온 행운과 불운으로 만들어진 지금 이곳의 내가 진정한 '나'이기 때문이죠. 힘들고 혼란스럽더라도 이를 함께할 수 있는 사람이 곁에 있다면 성공한 인생 아닐까요? 그것이 우리 삶에서 가장 큰 행복의 조건 아닐까요?

5

오만과 편견
[Pride and Prejudice]

이토록
강력한 방해꾼에 맞서.

Title ▸ C'mon C'mon · 〈컴온 컴온〉 · 2021
Director ▸ 마이크 밀스
Cast ▸ 호아킨 피닉스(조니 역), 우디 노먼(제시 역), 가비 호프먼(비브 역)

잿빛 세상에 색을 칠하는 법

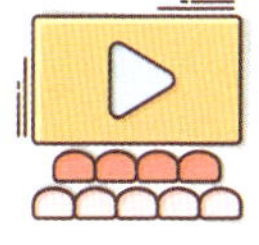

어른과 아이의 세계

암담한 뉴스들이 이어지는 요즘입니다. 2022년 2월 러시아가 우크라이나를 침공한 후로 여전히 전쟁이 계속되는 한편, 이스라엘과 하마스● 간의 팔레스타인 영토 분쟁도 끊이질 않습니다. 경제 불황의 그림자가 지구촌에 짙게 드리우고 있기도 하고요. 미래에 대한 희망보다는 절망, 낙관보다는 비관이 가득해 보입니다.

● **하마스** 팔레스타인의 대표적인 이슬람 저항 운동 단체로, 이스라엘에 대항하여 무장투쟁을 벌이고 있다.

이렇듯 캄캄한 현실 속에서 어린 세대라고 세상 보는 눈이 다를 까요? 어른들보다 지식과 경험이 다소 적다고 해도 그들 역시 자신 만의 감각과 시선으로 세상을 바라보고 있습니다. 오히려 세상에 찌든 어른들이 미처 돌아보지 못하는 사회문제를 날카롭게 짚어 내 고, 어른들이 안 될 거라고 단정해 버린 문제에 무릎을 칠 만큼 참 신한 대안을 제시할 수도 있죠. 하지만 기성세대는 그저 어리다는 이유로, 세상 물정을 모른다는 이유로 그들의 견해를 무시하기 일 쑤입니다.

기성세대와 어린 세대 사이의 간극을 단순히 세대 격차로만 치 부한다고 해서 해결되는 건 없습니다. 둘 사이의 거리를 좁히는 방 법은 아예 없는 걸까요? 삼촌과 조카의 서툰 동행을 그린 흑백영화 〈컴온 컴온〉은 이러한 물음에 답합니다. 미래 세대의 진취적인 생각 이야말로 잿빛 세상을 희망으로 채울 수 있으며(이 영화가 흑백영화 인 이유 아닐까요?), 이들이 더 나은 사고를 할 수 있도록 돕는 건 어 른들의 몫이라고 말이죠.

뜻밖의 동행

라디오 저널리스트로 일하는 주인공 조니에게 어느 날 전화 한 통이 걸려 옵니다. 상대는 일 년 전 어머니가 돌아가신 후로 관계가 소원해진 여동생 비브였죠. 오랜만에 서로 근황을 주고받던 중 비브는 곤란한 사정을 털어놓으며 조니에게 한 가지 부탁을 해요. 아픈 남편을 돌보기 위해 잠시 집을 비우게 됐는데, 그동안 아홉 살 난 아들 제시를 대신 맡아 달라는 겁니다. 조니는 난색을 표합니다. 미국 전역을 돌며 어린이들을 만나 인터뷰하는 프로젝트를 진행하던 차였거든요. 하지만 비브의 어려운 처지를 알게 된 이상 부탁을 쉽사리 거절할 수도 없습니다.

그렇게 조니는 뜻하지 않게 조카 제시를 돌보게 됩니다. 그간 서로 왕래하며 마음을 나눌 기회가 좀처럼 없었기에 둘 사이는 서먹서먹하기만 합니다. 게다가 남다른 감수성을 지닌 제시의 독특한 언행은 둘 사이의 소통을 더욱 힘들게 만듭니다. 제시는 조니에게 수시로 엉뚱한 질문을 던지곤 합니다. 일명 '고아 놀이' 역할극을 즐기기도 하죠. 자신을 방금 고아원에서 탈출한 고아로 설정하고, 상대에게 자식을 잃은 부모 역할을 맡아 달라고 한 뒤 질문과 답변을 주고받는 놀이입니다. 조니는 그런 제시가 낯설고 당황스럽기만 합니다. 매일같이 처음 보는 아이들을 만나 그들의 이야기에 귀를 기울이는 일을 하고 있지만, 조카 제시의 언행에는 영 적응하지 못합니다. 제시는 제시대로 자신의 마음을 몰라주는 삼촌이 답답합니다.

조니와 제시의 정서적 거리감은 대비되는 둘의 거주지를 통해서도 상징적으로 드러납니다. 제시는 로스앤젤레스에서 살고 있고, 조니의 집은 뉴욕에 있습니다. 같은 미국 땅인데도 로스앤젤레스와

뉴욕은 서로 딴판입니다. 로스앤젤레스에서 다들 반바지를 입고 해변을 거닐 때, 뉴욕 사람들은 두꺼운 외투를 입어야 할 정도로 추운 날들을 보냅니다. 도시의 외관 자체도 다릅니다. 로스앤젤레스는 널찍한 도로변에 큰 주택들이 한참 간격을 두고 서 있지만, 뉴욕은 좁은 도로를 사이에 둔 채 하늘로 치솟은 빌딩들이 빽빽이 들어차 있습니다. 두 도시의 간극은 마치 기성세대와 어린 세대의 차이를 떠올리게 합니다.

마법이 펼쳐지는 순간

남편의 건강이 악화돼 여동생 비브가 집을 비우는 시간이 예상보다 길어지자, 조니는 일을 위해 어쩔 수 없이 제시를 데리고 여정에 나섭니다. 비브는 자신과 의논하지 않고 아들을 뉴욕까지 데려간 것에 불같이 화를 내지만, 조니와 제시는 뉴욕에서 같이 생활하면서 갈등을 겪는 동시에 서로 면밀하게 소통합니다. 로스앤젤레스에서의 경험에다 뉴욕 생활이 더해지면서, 대화가 많아지고 서로를 이해할 수 있는 시간이 쌓였기 때문이죠. 특히 서로의 생활 터전인 양쪽 도시를 모두 경험하면서 상대를 들여다볼 기회를 나눴기에 가능한 일입니다.

조니는 미국 각지의 어린이들과 인터뷰를 하면서 제시와도 조금씩 더 속 깊은 대화를 이어 가죠. 제시를 이해하기 위해 노력하는 과정에서 조니는 타인을 이해하는 법을 배웁니다. 제시가 던지는 예상치 못한 질문 속에서 그동안 외면하던 자신의 감정을 들여다보기도 해요.

어리니까 모를 거라고 치부했던 어른들의 일을 제시는 모두 다 꿰뚫어 보고 있습니다. 제시와 대화하면서 조니는 가족이지만 남보다 못한 사이였던 여동생을 비로소 제대로 바라보게 됩니다. 조니와 비브가 연락을 끊은 채 살게 된 건 어머니의 죽음과 관련돼 있었습니다. 어머니를 병간호하는 과정에서 이들 남매는 의견 차이로 언성을 높이곤 했습니다. 조니는 죽음을 앞둔 어머니를 대하는 여동생의 태도가 자신과 다를 수밖에 없었던 이유를, 나아가 비브가 혼자 힘으로 제시를 키우면서 얼마나 힘겨운 날들을 버텨 왔을지를 이해하게 됩니다. 가족이기에 서로 많은 걸 알고 있다고 생각했는데 오히려 그렇지 못했다는 걸 깨닫고 뼈아프게 후회하죠.

제시 덕에 조니는 여동생과 묵은 감정을 털어내고 관계를 회복합니다. 제시 역시 조니 덕분에 한층 성장해 나갑니다. 엄마의 애정을 받으며 자랐지만 부모의 불안정한 상황 때문에 위태롭던 마음을 외삼촌과의 시간으로 치유받죠. 조니는 제시와 소통의 물꼬가 트이자, 제시가 고아인 양 행동하는 역할극을 받아들입니다. 남들 보기엔 괴상해 보일 수 있는 일, 처음엔 완강하게 거부했던 일을 조니가 마음 열고 수용하면서 삼촌과 조카는 진정한 소통에 다다릅니다.

제시와의 관계는 조니의 인터뷰 프로젝트에도 영향을 미칩니다. 조니는 제시와의 시간을 통해 인터뷰를 보다 창의적으로 진행하게 됩니다. 그는 자연스럽게 아이들에게 답변을 이끌어 내고 편견 없이 이야기를 듣습니다. 현실에 대한 생각, 꿈, 앞으로의 바람 등을 묻는 조니의 질문에 아이들은 저마다의 시선으로 바라본 세상에 대한 답을 내놓습니다. 때로는 어른보다 더 통찰력 있고 성숙한 대답을 하기도 하죠. 이들은 암울한 현실을 답답해하고 다가올 날들을 걱정하면서도 모두가 함께 공존하는 법, 지속 가능한 미래를 꾸려 가는 방법을 깊이 고민합니다. 어른들을 좀처럼 이해하지 못하면서도 다가올 날들에 대한 희망을 잃지 않습니다.

영화 막바지에 제시는 삼촌의 녹음 장비에 다음과 같은 내용을 녹음합니다. "미래에 대해 생각해 본 적 있어요? 예상했던 일은 안 일어날 거예요. 생각 못 한 일들이 일어나겠죠. 그러니까 그냥 하면 돼요. 해요, 해요(C'mon, C'mon)…." 예상했던 일은 다시 말해 선입견이라고 할 수 있을 겁니다. 기존의 관념에 얽매이지 않고, 좀처럼 말이 통하지 않는다고 여기던 사람과 상대의 세계를 인정하며 대화하려 노력한다면 예상 밖의 마법 같은 일들이 펼쳐질지도 몰라요. 회색으로만 보이던 세상은 그렇게 조금씩 서로의 빛깔로 채워져 가겠죠. 뜻밖의 여정을 함께하며 한 뼘 더 성장하게 된 조니와 제시처럼 말이에요.

Title ▸ Under the Open Sky · 〈멋진 세계〉 · 2020
Director ▸ 니시카와 미와
Cast ▸ 야쿠쇼 코지(미카미 마사오 역), 나가사와 마사미
(요시자와 하루카 역), 나카노 타이가(츠노다 류타로 역)

평범한 삶을 향한 고군분투

전과자를 대하는 사회의 시선

지금 이 순간에도 우리 주변에는 알게 모르게 각종 범죄 사건이 발생하고 있습니다. 누군가는 무거운 죄를 지어 오랫동안 교도소에 갇히고, 누군가는 비교적 가벼운 죄로 경미한 형을 받습니다. 사람들은 감옥에 갇혀 신체의 자유가 박탈되는 불이익을 받지 않기 위해서라도 죄를 짓지 않으려 합니다. 전과 기록이 평생 꼬리표로 남을지 모른다는 두려움이 작용하기도 합니다. 죄를 저지른 자는 응당한 처벌을 받아 마땅합니다. 하지만 죗값을 다 치르고 난 후에도

계속해서 낙인찍힌 채 손가락질받는 것이 정당할까요? 사람들은 원칙적으로 전과자 또한 한 사람의 시민이니 차별 없이 동등한 대우를 받아야 한다고 생각할 겁니다. 하지만 막상 현실에서는 이야기가 달라집니다. 전과자라면 일단 색안경을 끼고 바라보고, 언제든 또 나쁜 짓을 저지를지 모른다며 경계하기 마련입니다. 오랫동안 세상과 단절돼 있다가 밖으로 나온 전과자는 그 나름대로 사회에 적응하는 데 어려움을 겪고, 또다시 예전처럼 거칠고 어두운 삶에 빠져들 가능성이 큽니다. 영화 〈멋진 세계〉는 어느 출소자의 삶을 비추며 사회가 전과자를 어떤 시선으로 대하는지 그립니다. 나아가 한때 세계경제를 호령했으나 침체의 늪에 빠진 일본 사회의 자화상을 보여 줍니다.

전직 야쿠자의 사회 적응기

전직 야쿠자 출신인 미카미는 살인죄로 무려 13년간 교도소에 수감됐다가 드디어 출소를 눈앞에 두고 있습니다. 10대 시절부터 소년원을 들락거렸고 교도소 생활도 여러 차례 했던 그는 이번만큼은 각오가 남다릅니다. 사회에 나가 건실하게 살며 다시는 감옥신세를 지지 않겠다고 다짐하죠.

돌아갈 집도, 가족도 없는 미카미는 자신의 신원보증인이 되어

줬던 변호사의 집에 찾아갑니다. 변호사의 도움으로 미카미는 생활 보호 보조금을 신청하고, 거처를 마련합니다. 한편 방송국 프로듀서 요시자와 하루카와 소설가를 꿈꾸는 다큐멘터리 감독 츠노다 류타로는 미카미의 사연에 관심을 보이며 그의 삶을 방송으로 내보내고자 합니다. 어린 시절 어머니에게 버림받고 보육 시설에서 자라 온 미카미는 출소 전 자신이 쓴 수감 기록을 방송국에 보내 어머니를 찾아 달라고 도움을 구한 바 있거든요. 미카미는 어머니와 다시 만날 수 있을지 모른다는 실낱같은 희망과 더불어, 방송으로 약간의 수입도 얻게 되리라 기대하며 촬영에 응합니다.

미카미의 새 출발은 그럭저럭 순조로운 듯하지만, 세상은 그리 녹록지만은 않습니다. 동네에 이미 전과자라는 소문이 퍼져 주변 사람들은 그를 꺼림칙한 눈초리로 바라보고, 오랜 수감 생활 후 나온 사회는 완전히 딴 세상이 되어 좀처럼 적응하기가 어렵습니다. 교도소에서 배운 기술은 아무런 쓸모가 없고, 전과자에게 일자리를 내주는 곳도 없습니다. 미카미는 트럭 운전으로 돈을 모으고 싶지만, 난관이 따릅니다. 교도소에 있는 동안 운전면허를 갱신하지 못해 트럭 운전사로 바로 일할 수 없었거든요. 면허증을 다시 따려고 해도 운동신경은 예전 같지 않고, 비용 부담이 큽니다 게다가 다혈질적이고 충동적인 그의 성격은 발목을 잡습니다.

제대로 살아 보겠다던 미카미의 다짐은 세상이라는 벽 앞에서 번번이 흔들립니다. 새로운 삶을 시작해 보려 해도 13년 동안 세상과 단절됐던 그가 할 수 있는 건 없고, 사람들은 본능적으로 편견과 선입견을 지닌 채 그를 바라봅니다. 미카미가 출소한 후 겪는 일련의 일들을 통해 영화는 전과자들이 사회에 쉽게 적응하기 힘든 이유를 보여 줍니다.

영화는 한편으로 미카미가 범죄자로 감옥에서 인생 대부분을 보낼 수밖에 없었던 구조적인 이유를 비춥니다. 미카미는 게이샤●였던 어머니와 손님 사이에서 사생아로 태어나 보육 시설에 버려졌습니다. 외로움에 시달리던 미카미는 어려서부터 비뚤어졌고, 그런 그를 받아 준 곳은 야쿠자 조직뿐이었습니다. 조직에 들어간 미카미는 거친 삶을 사는 무법자들과 함께 생활하며 별 죄의식 없이 수차례 범죄를 저질렀습니다. 조직원들과 가족 같은 관계를 맺으며 소속감을 느끼고, 자신의 능력을 인정해 주는 두목에게 충성하며 의리라는 나름의 인간미를 맛보기도 했을 겁니다. 그러다 미카미는 겨우 손을 털고 조직에서 벗어나 사랑하는 사람과 가정을 꾸리려던 차에, 살인 사건에 휘말리게 되고 맙니다. 자신에게 원한을 품은 적대 조직이 습격해 오자 아내를 구하려다 그만 사람을 죽이고 만 것이죠. 어떤 이유에서든 범죄는 결코 용납될 수 없지만, 미카미가 어려서부터 나쁜 길로 빠지고 범죄자로 전락한 것이 100퍼센트 그의 의지만은 아니라고 영화는 넌지시 말합니다.

● **게이샤** 일본의 기녀(妓女)를 가리키는 말로, 연회에서 노래와 춤으로 흥을 돋우는 일을 한다.

이곳은 정말 멋진 세계일까?

미카미는 몇몇 친절한 이웃들의 도움을 받으며 조금씩 사회에 발맞추려 하지만 고달픈 삶은 쉬이 나아지지 않습니다. 불량할지언정 소속감을 느끼며 호기롭게 살던 야쿠자 시절이 자꾸만 그리워집니다. 과거로 돌아가고 싶은 욕구를 꾹 누르며 지내던 미카미는 거리에서 행인을 괴롭히는 불량배들을 응징한다는 핑계로 옛 모습을 드러냅니다. 그는 정의의 사도인 양 불량배들을 실컷 두드려 패며 폭력을 휘두릅니다. 출소 후 가장 생기 넘쳐 보이는 미카미의 모습에, 이날 저녁도 같이하며 친분을 쌓던 츠노다가 기겁할 정도였죠.

미카미는 내친김에 옛 야쿠자 두목을 찾아갑니다. 두목과 그의 아내는 미카미를 환대합니다. 거칠지만 화려했던 과거는 마약과도 같습니다. 미카미는 과거를 끊어 내고 건실하게 살고자 했으나 금단 현상처럼 옛 추억들에 계속 사로잡힙니다. 하지만 야쿠자가 위력으로 돈을 벌고 법의 그물을 피해 물질적 풍요를 누리던 호시절은 지나간 지 오래입니다. 두목 내외는 겉으론 화려하게 사는 듯 보이지만 통장도 개설하지 못하고 건강보험도 적용받지 못한 채 늘 감시받으며 지내고 있죠.

여기서 우리는 미카미라는 인물에 주목해 볼 필요가 있습니다. 그는 꽤 상징적인 캐릭터입니다. 과거의 영광을 다시 한번 누리고자 하는 일본인들의 집단의식이 반영된 것처럼 보이거든요. 일본은

제2차 세계대전에서 패망했지만 빠르게 재건에 성공했고, 1980년대에는 세계경제를 호령하는 위치까지 올랐습니다. 그러다 1989년 이후로 경제 거품이 꺼지면서 이른바 '잃어버린 30년'이라 불리는 장기 침체기를 보내고 있죠. 많은 일본인이 찬란했던 과거를 떠올리며 우경화(右傾化)●하고 있으나 과연 그들이 예전의 영광을 다시 만끽할 수 있을까요? 영화는 부정적으로 바라봅니다.

빛바랜 과거를 눈으로 확인하고 온 미카미는 다시 한번 의지를 다지며 원래의 자리로 돌아옵니다. 새로운 일자리를 찾고, 잔잔한 일상을 누리죠. 하지만 뜻대로 흘러가는 건 역시 없는 걸까요? 영화의 엔딩 크레디트가 올라가고 나면 어쩐지 씁쓸한 맛을 지울 수가 없습니다. 평범한 삶으로 돌아가고자 하는 어느 전과자의 고군분투를 그린 영화는 우리에게 여러 질문을 던지는 듯합니다. 과연 지름 사회는 부적응자를 온전히 품어 안아 줄 수 있을 만큼 '멋진 세계'냐고요. 또한 미카미에게 '멋진 세계'란 완력을 인정 받고 돈을 뿌려 댈 수 있었던 야쿠자 조직이었을지, 자신의 사정을 딱하게 여기고 도움의 손을 내미는 사람들이 있는 교도소 밖 사회일지 하는 것들을 말입니다.

● **우경화** 우익적인 사상, 곧 보수적이거나 국수적인 경향으로 기울어지게 됨을 뜻하는 표현으로, '우익'은 1792년에 프랑스 국민 의회에서 온건파인 지롱드당(黨)이 의장의 오른쪽 의석을 차지한 데서 나온 말이다.

Title ▸ The Two Popes · 〈두 교황〉 · 2019
Director ▸ 페르난두 메이렐리스
Cast ▸ 앤서니 홉킨스(교황 베네딕토 16세 역),
조녀선 프라이스(교황 프란치스코 역)

나와 다른 사람을
받아들이는 법

깊어지는 갈등, 해법은 없을까?

지금도 세계 여러 지역에서는 분쟁이 끊이지 않고 있습니다. 많은 국가들 사이에서, 또는 한 국가 안에서도 자기 민족의 독립과 통일을 중시하는 민족주의가 원인이 되어 갈등이 생기곤 합니다. 자원이나 영토, 이권 쟁탈 등 각종 이해관계를 놓고 싸우는 곳도 많습니다. 갈등을 부추기는 요인으로 종교 역시 빼놓을 수 없습니다. 대표적인 사례로 1990년대 유럽 내륙 동남부에 있는 발칸반도를 피로 물들인 유고슬라비아 전쟁을 꼽을 수 있습니다. 옛 유고슬라비아연방●이 해체되는 과정에서 세르비아 정교●, 가톨릭, 이슬람교 갈등이 촉발되면서 이들 지역은 참혹한 전쟁터로 변하고 말았습니다.

같은 종교를 믿는다고 갈등이 없을까요? 교리(敎理)를 어떻게 해석하느냐, 누가 더 정통성을 지니느냐 등을 두고 타 종교와의 갈등 못지않게 분파끼리 치열하게 대립하고 반목하곤 합니다. 수백 년 동안 피로 얼룩진 이슬람교 수니파와 시아파의 갈등●이 대표적입니다. 두 분파는 기도하는 방식부터 종교 의식, 교리 해석이 조금씩 다릅니다. 신을 앞세워 저마다 자기들의 생각과 해석이 옳다고 주장하니, 시간이 갈수록 갈등의 골은 더욱 깊어질 뿐입니다.

서로 손을 잡고 타협과 화합의 장으로 나아갈 여지는 없는 걸까요? 넷플릭스 오리지널 영화 〈두 교황〉은 자진 사임으로 바티칸을 뒤흔든 교황 베네딕토 16세 Benedictus XVI와 그 뒤를 이은 교황 프란치스코 Francisco의 실화를 그린 작품입니다. 영화는 서로 다른 가치관을

● **유고슬라비아연방** 발칸반도 서부에 있던 사회주의 연방 공화국. 1918년 통일 국가가 성립되고 1945년 사회주의 연방 공화국이 성립되었다가, 1990년대에 들어 슬로베니아, 크로아티아, 마케도니아, 보스니아헤르체고비나, 유고슬라비아연방 공화국으로 각각 분리·독립해 유고슬라비아 사회주의 공화국은 소멸했다.

● **세르비아 정교** 동방정교로, 동로마제국의 국교로서 콘스탄티노플을 중심으로 발전한 기독교의 한 교파이다. 로마 교황을 승인하지 아니하며 교의 및 의식을 중시하고 상징적·신비적 경향이 강하다.

● **수니파와 시아파의 갈등** 이슬람교를 양분하는 분파로, 이슬람 창시자 무함마드가 죽은 뒤 후계자 선정 방식을 놓고 충돌하며 분열한 양대 종파다. 전 세계 이슬람교도의 85~90퍼센트가 수니파에 속하고, 10~15퍼센트가 시아파에 속한다.

지녔지만 깊은 교류를 나누는 두 인물을 통해 우리에게 울림 있는 메시지를 전합니다.

너무도 다른 두 사람

영화는 2005년 교황 요한 바오로 2세 Joannes Paulus II가 세상을 떠난 시점에서 시작됩니다. 새 교황 선출을 위해 전 세계에서 교황 다음가는 성직(聖職)인 추기경들이 바티칸에 모여듭니다. 교황은 '콘클라베'라는 선거회를 통해 선출됩니다. 선거권을 지닌 80세 미만의 전 세계 추기경들은 교황청의 시스티나성당에 모여 문을 걸어 잠그고 교황 선출을 위한 콘클라베를 시작합니다. 사전에 입후보하거나 추천되는 후보는 없고, 모든 추기경이 잠재 후보입니다. 추기경들은 오전과 오후에 비밀투표를 진행하며 3분의 2 이상 표를 얻는 사람이 교황으로 선출됩니다. 투표가 끝나면 투표용지를 태운 다음 시스티나 성당 굴뚝으로 연기를 내보내 외부에 결과를 알리는데, 검은 연기가 나오면 교황이 결정되지 않았다는 뜻이고 흰 연기가 나오면 교황이 선출됐다는 의미입니다.

새 교황에 대한 궁금증으로 세계인의 이목이 바티칸에 집중되는 가운데, 교황 선출을 위해 모인 추기경 중 주목받는 이들이 있습니다. 독일에서 온 요제프 라칭거와 아르헨티나에서 온 호르헤 마리오 베르고글리오입니다. 두 사람은 이탈리아 마르티니 추기경과 더불어 유력한 교황 후보입니다. 콘클라베에 들어가기 전 우연히 마주친 둘은 어딘가 좀 어색해 보입니다. 그도 그럴 것이 라칭거는 전통을 중시하고 보수적인 인물인 반면, 베르고글리오는 가톨릭 내에서 대표적인 진보 인사 중 한 명이거든요. 라칭거는 자유분방한 베르고글리오 같은 사람이 가톨릭 교단을 어지럽힌다고 생각할 테고, 이에 반해 베르고글리오는 라칭거 같은 추기경이 가톨릭의 현대화와 대중화 같은 개혁을 막고 있다고 여겼겠죠.

원래 라칭거는 저명한 신학자였습니다. 신학 박사 학위를 받은 뒤 대학에서 오래 교편을 잡았을 뿐 아니라 교황청 신앙교리성 장관을 지내기도 했습니다. 신앙교리성은 교황청 기구의 하나로, 신앙의 순수성과 정통성을 유지하고 발전시켜 나가는 일을 사명으로 여기는 곳이죠. 원칙주의자인 그는 교리를 엄격하게 해석하고, 바티칸이 전통 원리에 충실하여 중심을 잡아야 한다는 입장으로 가톨릭이 시류 변화에 휩쓸리는 것을 반대하는 인물입니다.

반면에 베르고글리오는 가톨릭이 대중 속으로 들어가야 한다고 여깁니다. 그는 동성애자들을 부당하게 차별해선 안 된다고 가르쳤으며, 가난한 자들에게 식사를 대접하고 축구를 하며 신자들과 어우러지기를 즐깁니다. 검소한 복장에 낡은 구두는 이런 그의 소탈한 성품을 보여 줍니다.

갈등에서 화합으로

몇 차례 투표가 반복되고, 마침내 굴뚝에서 흰 연기가 솟구쳐 오릅니다. 그렇게 라칭거가 새로운 교황으로 선출됩니다. 베네딕토 16세의 탄생입니다. 그리고 시간은 흘러 2012년, 아르헨티나에서 종교 활동을 이어 가던 베르고글리오는 한 통의 편지를 받습니다. 교황 베네딕토 16세가 그를 찾은 것입니다. 마침 베르고글리오도 바티칸으로 향하는 비행기표를 예약해 둔 차였습니다. 추기경 자리에서 물러나 은퇴하겠다는 의사를 밝혔는데, 교황청에서 별다른 반응을 보이지 않자 직접 찾아가기로 마음먹었던 것이죠.

그 시점에 베네딕토 16세는 위기에 몰렸습니다. 교황청 내부 비리가 드러나고, 사제들의 성추행 스캔들이 터지는 등 각종 논란으로 인해 입지가 흔들리고 있었던 거예요. 언론은 교황이 이런 문제들을 충분히 알면서도 감쌌을 거라고 추정하며 그를 몰아세우고 있었습니다. 로마에 도착한 베르고글리오를 자신의 별장으로 불러들인 교황은 사직 요청을 받아 달라는 그의 간청을 못 들은 척합니다. 두 사람은 대화를 나누면서 서로의 간극을 또 한번 확인합니다. 진보와 보수, 개혁과 전통, 세속과 교회 사이에서 사사건건 충돌하며 팽팽한 논쟁을 벌이죠.

베네딕토 16세가 베르고글리오의 사직 의사를 받아들이지 않은 데에는 정치적인 이유가 깔려 있는 것처럼 보입니다. 안 그래도 교황청이 비판받는 상황에서 반대파에 해당하는 베르고글리오가 추기경에서 물러난다면 사람들은 이를 교황청에 대한 항의로 여길 테고, 그럼 자신의 입지가 더욱 좁아지리라 우려한 것이죠. 베르고글리오는 혼란스럽습니다. 자신은 그저 평범한 사제로 사람들에게 봉사하고 싶을 뿐인데 이를 몰라주는 교황이 답답하기만 합니다.

저녁 식사 후, 줄곧 평행선을 달리던 둘의 관계는 조금 누그러집니다. 두 사람은 일상적인 대화를 나누며 조금씩 마음을 열어 갑니다. 그 과정에서 꽉 막힌 것만 같던 교황의 인간적인 면모도 조금씩 드러납니다. 베르고글리오는 자신과 대척점에 있다고만 여겼던 베네딕토 16세를 다시 바라보게 됩니다. 이후 베르고글리오와 함께 바티칸으로 향한 베네딕토 16세는 뜻밖의 말을 꺼냅니다. 자신은 교황 자리에서 내려올 것이니 그 뒤를 이어 주길 바란다는 내용이었죠. 베르고글리오의 사직서를 반려한 것도 그런 이유에서였습니다. 예기치 못한 교황의 말에 크게 당황한 베르고글리오는 교회의 전통에 위배되는 일이라며 극구 반대합니다. 본래 교황은 종신직으로, 현직 교황이 세상을 떠난 후에 새 교황을 선출하는 것이 관례니까요. 이어서 자신은 교황이 될 자격이 없다고 말하며 오랜 세월 그림자처럼 품어 온 마음의 짐을 고백합니다.

사실 완벽한 성직자처럼 보이는 베르고글리오에게도 감추고 싶은 과거가 있었습니다. 그는 과거 아르헨티나 군부독재 시절, 정권에 맞서 싸우던 동료 사제들이 체포되고 고초를 겪는 상황에서도 제대로 저항하지 못한 채 침묵했던 일을 교황에게 고백합니다. 교회를 지키기 위해 원칙에 따라 행동한 일이었지만 결과적으로 많은 이들의 죽임을 묵인한 것과 다름없었죠. 아픈 기억을 돌아보며 회한에 젖은 그에게 교황은 자신의 과오를 털어놓으며 자기 또한 평범한 인간에 지나지 않음을 보여 줍니다. 그렇게 둘은 서로의 결점을 고백하고, 상대를 온전히 이해하며 위로합니다.

교황은 베르고글리오의 고해성사를 듣고 이런 말을 합니다. 진실은 중요하지만 사랑 없는 진실은 무의미하다고 말이죠. 용서하려는 마음 없이 진실만을 찾고 죄를 추궁해서는 안 된다는 뜻일 것입니다. 지금 이 순간에도 끝없이 이어지고 있는 분열과 갈등은 결국 사랑 없는 진실에서 비롯된 것 아닐까요? 다름을 틀림으로 받아들이고 무작정 서로를 향해 벽을 세우는 시대, 어떻게 하면 다름을 인정하고 화해의 길로 나아갈 수 있는지를 보여 주는 영화였습니다.

Title ▸ Green Book · 〈그린 북〉· 2018
Director ▸ 피터 패럴리
Cast ▸ 비고 모텐슨(토니 발레롱가 역), 마허샬라 알리(돈 셜리 박사 역)

편견을 넘어서
친구가 되다

흑인 상사, 백인 운전사

백인과 흑인이 같은 차에 타고 있습니다. 한 사람은 운전을 하고, 다른 사람은 뒷자리에 앉아 이것저것 지시합니다. 두 사람 중 누가 운전사고, 누가 뒤에 앉은 사람일까요? 1960년대 미국, 특히 인종차별이 심한 남부에서 같은 질문을 했다면 운전사는 흑인이고, 윗사람처럼 보이는 이는 백인이라고 답하는 사람이 대다수였을 겁니다. 인종차별이 지금보다 극심했고, 그에 따른 상하 관계도 분명한 때였으니까요.

영화 〈그린 북〉은 1962년 미국을 배경으로 합니다. 공연차 미국 남부로 투어를 떠나게 된 흑인 천재 피아니스트가 투어 기간 동안 자신의 매니저 겸 운전기사로 고용한 백인과 함께하며 벌어지는 일을 그리죠. 당대 통념과 다른, 서로 위치가 뒤바뀐 듯한 두 인물의 이야기를 통해 영화는 우리의 편견과 선입견이 얼마나 어리석은지 꼬집습니다.

토니 발레롱가는 뉴욕의 한 나이트클럽에서 경호원으로 일합니다. 다혈질적인 성격, 우람한 몸집을 지닌 그는 나이트클럽에서 골치 아픈 문제가 생길 때마다 말보다 주먹을 앞세워 해결하는 남자입니다. 나이트클럽이 갑작스럽게 휴업하면서 토니는 새 일자리를 알아봐야 할 처지에 놓입니다. 그는 지인으로부터 '닥터 셜리'라는 사람이 운전사를 구한다는 소식을 듣고 면접을 보러 갑니다. 저명한 음악당 카네기홀의 최상층에서 화려하게 사는 셜리 박사는 토니의 예상과 달리 의사가 아니라 음악가였습니다. 그리고 흑인이었죠. 토니는 자신이 모셔야 할 상사가 흑인이라는 사실에 놀라지만 아무렇지 않은 척합니다.

사실 토니는 흑인을 좋아하지 않습니다. 아내가 주방을 수리하러 온 흑인들에게 음료수를 내어 줬던 물컵을 쓰레기통에 버리기까지 할 정도죠. 흑인에게 선입견을 지닌 건 토니뿐이 아닙니다. 이탈리아계 이민자로 이루어진 그의 가족들 역시 '검둥이'라는 표현을 쓰며 흑인을 노골적으로 무시하고 흑인과 한 공간에 있는 것만으로도 불쾌감을 표하죠.

크리스마스 즈음까지 약 두 달간 미국 남부를 돌며 공연을 펼칠 계획인 셜리 박사는 토니가 마음에 들었는지 그를 운전사로 고용하려 합니다. 제시한 급료가 꽤 높아 토니 역시 긍정적으로 여기죠. 그런데 셜리 박사가 추가로 토니에게 자신의 매니저 역할을 하는 동시에 시중까지 들어 주길 바란다고 요청하자, 그는 발끈하며 다른 사람을 알아보라고 말합니다. 가뜩이나 흑인을 못마땅하게 여기는 그로서는 받아들일 수 없는 일이었죠. 자신은 시중 따윈 들 생각이 없으니, 그럼에도 함께 일하길 원한다면 더 높은 급료를 맞춰 달라고 선언한 뒤 자리를 박차고 나옵니다. 그리고 얼마 후 셜리 박사에게 전화가 걸려 옵니다. 토니의 뜻대로 해 주겠다고 한 거죠. 그렇게 두 사람은 남부로 여정을 떠납니다.

1960년대 미국의 사회상

더 친절하고 예의 있는 지원자를 충분히 찾을 수 있었음에도 셜리 박사가 토니를 필요로 한 이유는 따로 있습니다. 두 사람이 연주 여행을 하게 될 미국 남부, 그중에서도 '디프사우스(Deep South)'라 불리는 최남동부 지역은 그 당시 인종차별로 악명 높은 곳이었어요. 1863년 에이브러햄 링컨Abraham Lincoln 대통령이 노예해방을 선언

하고, 남북전쟁에서 북부군이 승리하면서 1865년 12월 미국은 노예제도를 공식 폐지했지만, 흑인 노예의 노동력을 포기할 수 없었던 일부 주들은 이를 거부했어요. 심지어 켄터키주는 1976년, 미시시피주는 1995년에야 노예제 폐지를 허가했죠. 그러니까 영화 속 배경인 1962년 당시 남부의 흑인들은 법적으로는 노예 신분에서 벗어났지만 여전히 백인에게 극심한 차별을 받으며 살고 있던 겁니다.

이런 상황에서 흑인이 남부로 여행을 떠나는 것은 생명의 위협을 감수해야 하는 일이었어요. 흑인 여행자들이 여행 중 당할 수 있는 희롱이나 체포, 물리적인 폭력을 피해 안전하게 이용 가능한 숙박 시설·레스토랑·주유소 등의 정보가 적힌 가이드북이 따로 존재할 정도로 말이죠. 영화의 제목인 '그린 북'은 바로 이 가이드북의 이름입니다. 『그린 북』은 1936년부터 1966년까지 발간된 흑인 전용 여행 안내 책자로, 당대 인종차별의 상징과도 같죠. 셜리 박사는 그런 남부 지역에서 두 달간의 순회공연 일정을 무사히 소화하기 위해 토니를 채용한 거예요. 운전을 대신해 주는 것은 물론, 자신의 신변을 보호하고, 여정 중 발생할지 모르는 불상사를 해결하는 일까지 도맡아 줄 적임자라고 본 거죠.

토니와 셜리 박사의 여정이 남부로 향할수록 인종차별 행태는 점점 더 노골화됩니다. 흑백 분리 정책이 여전히 시행되고 있어 흑인 입장을 허용하지 않는 음식점이 수두룩하고, 헛간 같은 곳에 흑인 전용 화장실이 따로 있을 정도죠. 제아무리 부유한 셜리 박사라도 남부에서는 흑인이 입장할 수 있는 허름한 모텔에서 잘 수밖에 없습니다. 셜리 박사는 토니 덕분에 여러 고비를 넘기며 여정을 이어 갑니다. 토니는 셜리 박사가 흑인이라는 이유로 무례하게 굴며 공연을 방해하는 사람들을 만날 때마다 특유의 말재간과 임기응변, 때로는 위협적인 겉모습을 내세워 순회공연이 무사히 이어질 수 있도록 조율합니다.

평소 흑인에게 차별적인 태도를 보이던 토니였지만, 셜리 박사와 동행하면서 그는 서서히 인종차별의 문제점을 자각하게 됩니다. 단지 흑인이라는 이유로 갖은 사건 사고에 시달리는 셜리 박사를 보며 피부색이 다르다고 누군가를 차별하는 행동이 얼마나 몰상식한 일인지 깨닫죠.

편견을 뛰어넘은 우정

셜리 박사는 왜 위험천만한 남부 지역으로 순회공연을 떠날 결심을 했을까요? 아마도 셜리 박사는 음악으로 인종차별이라는 폭력을 극복하고 싶었던 듯합니다. 이는 영화 속 그의 대사를 통해서도 엿볼 수 있어요. 흑인을 뒷자리에 태웠다는 이유로 불필요한 탐문을 하며 시비 거는 경찰에게 토니가 주먹을 휘두르자 박사는 그에게 이런 말을 합니다. "폭력으로는 못 이겨요. 품위를 유지할 때만

이기죠. 품위가 늘 승리하는 거예요." 셜리 박사는 어쩌면 음악이라는 품위 있는 무기로 차별에 통렬한 한 방을 날리고 싶었는지 모릅니다.

사회적지위와 신분, 성격과 취향까지 닮은 점이라곤 하나도 없는 두 사람이지만 이들은 여정을 함께하며 조금씩 서로를 이해하고 마음을 터놓게 됩니다. 셜리 박사는 물질적인 부와 명예를 모두 얻었지만 남들과 어울리지 못한 채 늘 혼자였습니다. 백인 사회에 온전히 녹아들지도, 그렇다고 흑인들 틈에 끼지도 못한 채 모든 감정을 혼자 감내하고 자신을 방어하는 데만 급급했죠. 또 성적 소수자인 자신의 성정체성을 들킬까 두려워 사람들에게 쉽게 다가가지도 못합니다. "충분히 백인답지도 않고, 충분히 흑인답지도 않고, 충분히 남자답지도 않다면, 그럼 대체 난 뭐죠?"라며 절규하는 장면은 그의 고뇌를 압축해 보여 주죠. 하지만 자신에게 묵묵히 힘이 되어 준 토니 덕분에 그는 마침내 타인에게 마음을 열 줄 아는 사람이 됐습니다. 토니 또한 박사를 만나 상대방을 헤아리는 삶의 기쁨을 깨닫게 되고요.

순회공연 일정을 모두 마친 후 크리스마스이브까지 토니를 집으로 보내 주겠다고 맹세했던 셜리 박사는 그 약속을 지키기 위해 눈보라 치는 도로에서 직접 운전대를 잡습니다. 장시간 운전에 지친 토니 대신 운전에 나선 것이지요. 다행히 이들은 늦지 않게 도착하고, 셜리 박사는 토니의 가족들이 자신을 불청객처럼 여기진 않을까 머뭇거리던 게 무색할 만큼 큰 환대를 받죠. 비로소 두 사람은 고용주와 피고용자 관계에서 벗어나 친구로 거듭납니다. 서로를 존중하는 마음 하나로 진정한 교류를 나눌 수 있게 된 거예요. 편견을 뛰어넘어 서로를 이해하려는 노력이 없었다면, 이들의 특별한 우정은 불가능하지 않았을까요?

Title ‣ Hidden Figures · 〈히든 피겨스〉 · 2016
Director ‣ 시어도어 멜피
Cast ‣ 타라지 P. 헨슨(캐서린 존슨 역), 옥타비아 스펜서(도로시 본 역),
저넬 모네이(메리 잭슨 역)

숨겨진 사람들

흑인 여성의 자리

1960년대 미국은 소련과 함께 세계를 호령하던 국가였으나 내부에서는 놀랄 정도로 인종차별이 심각했습니다. 특정 주(州)는 인종분리 정책이 시행되고 있어 백인과 유색인종은 생활공간을 공유할 수 없었습니다. 백인은 어느 곳이든 갈 수 있었으나 유색인종은 출입할 수 없는 곳이 허다했습니다. 아무리 빼어난 재능을 지니고 애국심이 강해도 유색인종이면 불청객 취급받기 일쑤였습니다. 피부색에 따라 국민의 등급이 매겨진 셈입니다.

한편으로 미국은 큰 위기감을 느끼고 있었습니다. 라이벌 소련이 1957년 인류 최초로 인공위성 스푸트니크 1호를 쏘아 올린 데 이어 우주선에 개를 태워 발사하는 등 우주과학을 선도하고 있었거든요. 첨단 무기 개발을 두고 군사적 우위를 차지하기 위해 소련과 치열한 경쟁을 펼치던 미국으로선 불안감을 감출 수 없었습니다. 미국항공우주국(NASA)의 과학자들은 소련을 따라잡기 위해 각고의 노력을 기울여야 했습니다. 영화 〈히든 피겨스〉는 그 당시를 배경으로 합니다. 주인공 캐서린 존슨과 도로시 본, 메리 잭슨은 1960년대 NASA의 연구원입니다. 아니, 사실 연구원이라고 불리지 않았습니다. 그들의 직함은 '전산원'. 우주선 설계, 우주선 항로 설정 등과 같은 핵심 연구에는 다가가지 못한 채 그저 위에서 시키는 수학 계산만 해야 했습니다. 그 계산이 왜 필요한지 어디에 쓰이는지도 모른 채 NASA 건물 지하에서 인간 컴퓨터로서의 역할만을 수행했습니다. 이들의 능력은 단순히 계산기로 쓰이기에는 너무 아깝지만, 단순히 그들이 흑인이고 여성이라는 이유로 가장 후미진 건물 지하에 모여 일할 따름입니다.

셋 중에서도 캐서린은 어려서부터 수학에 뛰어났습니다. 초등학교 6학년 때 바로 대학으로 조기 진학했을 정도죠. 어느 날 캐서린은 우주선 발사와 우주인 귀환 등 우주선 항로를 설계하는 핵심 부서로 긴급 호출됩니다. 인사 담당자 비비안 마이클이 불쑥 캐서린을 찾아와 끌고 가죠. 말은 캐서린이 필요하다고 하면서 태도는 '따라오라면 잠자코 따라와.'라는 듯이 고압적이고 표정은 깔보는 듯합니다. 비비안은 백인이고 캐서린은 흑인이기 때문이겠죠. 캐서린이 머물던 지하를 돌아보며 비비안은 결정적인 한마디를 뱉습니다.

"내가 여기까지 내려올 줄이야."

모두가 같은 색 소변을 본다

캐서린은 부서 이동에 흥분을 감추지 못합니다. 우주선 발사에 직접적으로 관련된 업무를 코앞에서 지켜볼 수 있기 때문이죠. 그 부서의 문을 열고 들어가니 놀랍게도 한 명 빼고 모두 남성입니다. 흑인은 아무도 없었고요. 캐서린이 자리를 찾아 앉으려고 하자 연구원은 자연스럽게 그녀에게 쓰레기통을 쥐여 줍니다. 흑인 여성이 그곳에 들어올 일은 청소밖에 없다는 그 시대의 편견을 적나라하게 보여 주는 장면입니다.

캐서린이 본격적으로 업무를 시작하자 모두가 불편한 기색을 보입니다. 그리고 캐서린이 일하다 커피를 따라 마시려 하자 직원들은 동요합니다. 흑인이 백인의 물건에 손을 댔다는 이유에서입니다. 그렇다고 캐서린이 실력 발휘를 못 할 리 없습니다. 감추고 싶다고 감출 수 있는 실력이 아니었죠. 하지만 걸림돌이 있었으니, 화장실입니다. 캐서린이 근무하는 건물에는 유색인종 전용 화장실이 없습니다. '유색인종 전용'이라니 무슨 말인가 싶겠지만 그 시절 미국에서는 백인과 흑인이 같은 화장실을 쓸 수 없었습니다. NASA에 있는 유색인종 화장실은 전에 근무했던 허름한 건물에만 있었고, 결국 캐서린은 용변이 급할 때마다 왕복 40분을 각오하고 서류 더미를 든 채 머나먼 화장실로 향합니다. 사무실 동료 중 어느 누구도 캐서린의 불편을 눈치채지 못합니다. 오히려 캐서린이 자리를 너무 자주 비운다고 한 소리씩 할 뿐입니다. 캐서린은 전보다 더 좋은 부서에 왔어도 자신의 존재가 인간 컴퓨터에서 투명인간으로 변했을 뿐, 대우는 달라지지 않았음을 매일 실감합니다.

하루는 캐서린의 상사이자 부서의 일인자 알 해리슨이 캐서린에게 벌컥 화를 내기에 이릅니다. 캐서린에게 도움을 받으려 할 때마다 그녀가 자리에 있지 않다는 것이 그 이유였습니다.

"도대체 매일 어딜 가는 건가?"

"화장실 다녀왔습니다."

"화장실! 그놈의 화장실! 매일 40분을? 거기서 너 대체 뭐 하는데! 우리는 하루하루 쫓기고 있어. 내가 신뢰하는 만큼 보답을 해야 할 거 아냐!"

"이곳에는 제가 갈 수 있는 화장실이 없어요."

"무슨 소리야 화장실이 없다니?"

눈앞에 엄연히 화장실이 있는데 화장실이 없다고 하니 백인 남성인 알은 황당하기 짝이 없습니다. 그의 인식 속에는 '유색인종 화

장실'이 존재조차 하지 않았던 것입니다. 알은 순간 자신이 간과하고 있던 장벽을 마주합니다. 그리고 장도리를 들고 사무실을 나섭니다. 그가 장도리로 부순 것은 '유색인종 전용(colored)'이라는 화장실 표지판이었죠. 표지판이 바닥에 나동그라지자 그는 큰 소리로 선언합니다.

"NASA에선 모두가 같은 색 소변을 본다."

캐서린이 처음으로 상사에게 소리치고, 알이 간과하던 장벽을 마주하는 계기가 화장실이라는 것은 꽤 상징적입니다. 인종을 막론하고 하루 중 화장실을 한 번도 안 가는 사람은 없으니까요. 누구나 자격 없이 누릴 수 있는 편의조차 허락되지 않은 흑인의 삶을 직접적으로 전달하는 대목이기도 합니다.

누구나 누릴 수 있는 것을 누리지 못하는 일상은 다른 주인공들의 삶에서도 마찬가지로 이어집니다. 흑인 여성 전산원들을 이끄는 관리직 도로시는 평사원 대우를 받습니다. 인사 담당자 비비안에게 승진을 요청해도 반응이 시원치 않죠. 메리는 엔지니어로 승진하기 위해 대학에서 추가 교육을 들어야 하지만 그 교육은 백인만 들을 수 있습니다. 누구나 엔지니어가 될 수 있다는 규칙이 무색하게 누구나 배울 수가 없는 현실입니다. 도로시는 원하는 서적을 공공 도서관에서 빌리기는커녕 열람조차 할 수 없습니다. 흑인도 백인과 동등하게 세금을 냈지만 공공서비스를 동등하게 누리지 못한 것입니다.

장벽의 숨겨진 좌표

영화 속 NASA의 최종 연구 목표는 미국 우주인이 지구궤도를 여행하는 것입니다. 우주인 존 글렌이 이 역사적인 임무를 위해 훈련하고 있었죠. 그런데 여전히 풀리지 않는 퍼즐이 있습니다. 글렌이 탄 우주선이 지구로 돌아올 때 어디에 낙하할지 알 수 없다는 것입니다. 대략적인 범위를 좁혔지만 정확한 낙하지점은 여전히 오리무중이라 NASA의 연구원과 군 관계자들 모두 난감하긴 마찬가지입니다. 그때, 더 이상 왕복 40분을 달려 화장실을 가지 않아도 되는 캐서린이 이 낙하지점을 알아내는 데 성공합니다.

영화 제목 '히든 피겨스(Hidden Figures)'는 '숨겨진 숫자'라는 의미입니다. 이 제목은 캐서린이 찾아낸 우주선 낙하지점의 좌표를 가리키는 것일 수 있습니다. 그런데 '피겨(figure)'에는 뜻이 하나 더 있답니다. '인물'이지요. 낙하지점을 알아낸 캐서린뿐 아니라, NASA에서 최초로 컴퓨터 전산을 작동시킨 도로시, 엔지니어에게 필요한 대학 이수 과목을 흑인도 들을 수 있게 활로를 넓힌 메리 모두 주요 인물입니다. 1960년대 미국을 배경으로 한 영화가 2016년에 개봉해 흥행한 건 숨겨진 인물이 아직도 많다는 사실을 반증합니다. 누구나 누릴 수 있는 것을 누리지 못하고 소외된 인물이 여전히 있진 않은지, 미국이 오늘날 강대국 지위를 잃지 않는 건 이등 국민 취급을 받던 이들의 숨은 공헌 덕분이 아닌지 생각해 봐야 하지 않을까요?

6

관계의 본질을 파헤치고
새롭게 잇기。

Title ‣ The Electrical Life of Louis Wain ·
〈루이스 웨인: 사랑을 그린 고양이 화가〉 · 2021
Director ‣ 윌 샤프
Cast ‣ 베네딕트 컴버배치(루이스 역), 클레어 포이(에밀리 역)

세상에 찌릿한 스파크를 일으키다

고양이를 향한 엇갈린 시선

길을 가다 보면 길고양이를 흔히 만납니다. 길고양이에게 인간은 경계해야 할 대상이기에 사람을 보고 다가오기보다 도망치는 경우가 대부분이죠. 몇몇 사람들은 길고양이를 혐오 어린 시선으로 바라봅니다. 먹을거리를 찾기 위해 쓰레기통을 뒤져 동네를 지저분하게 만든다고 골칫덩이처럼 여기는 이들도 적지 않습니다. 울음소리 때문에 숙면에 방해가 된다며 불만을 토로하는 사람들도 있어요. 때로는 고양이를 불길한 동물로 여기는 편견이 혐오감을 부추기기도 합니다. 개처럼 사람에게 호의적이지 않으니 더욱 반감을 느끼는 이들도 있죠.

이런 시선은 19세기 영국에서도 크게 다르지 않았습니다. 사람들은 개를 반려동물로 곁에 두면서도 고양이는 불운과 저주를 상징하는 요물이라며 멀리하곤 했어요. 그런데 여기, 고양이에 대한 부정적인 인식을 획기적으로 바꿔 놓은 사람이 있습니다. 19세기 말부터 20세기 전반까지 활약한 영국인 화가 루이스 웨인Louis Wain이에요. 일평생 고양이를 의인화한 작품을 꾸준히 그린 그는 이들을 사랑스러운 존재로 변화시킨 장본인입니다. 실화를 기반으로 한 영화 〈루이스 웨인: 사랑을 그린 고양이 화가〉를 보면 남다른 그의 삶이 고양이를 향했던 오랜 편견을 어떻게 바꿨는지 엿볼 수 있습니다.

인생의 전환점이 된 에밀리와 피터

영화는 1881년 영국을 배경으로 시작합니다. 루이스 웨인은 그림 실력이 탁월한 젊은이입니다. 두 손을 모두 활용해 순식간에 정교한 인물화, 동물화를 완성해 냅니다. 그는 동물 그리기를 유난히 즐기지요. 그림에만 전념하면 좋으련만 주변 환경은 그리 녹록지 않습니다. 명망 있는 가문에서 태어났지만 아버지가 일찍 돌아가신 후 맏이이자 가장으로서 어머니와 다섯 여동생을 부양해야 합니다.

그는 프리랜서 삽화가로 일하며 어렵게 생계를 꾸려 갑니다.

그러던 어느 날, 루이스의 바로 아래 여동생이자 집안의 실세인 캐롤라인은 동생들의 교육을 위해 가정교사 에밀리 리처드슨을 집 안에 들입니다. 그림밖에 모르던 루이스는 에밀리를 보자마자 호감을 느낍니다. 둘 사이에 심상치 않은 감정이 오가는 것을 눈치챈 캐롤라인은 이들이 가까워지는 것을 경계하죠. 루이스와 에밀리는 결국 사랑에 빠져 미래를 약속하는 사이가 됩니다. 가족의 반대에도 루이스는 아랑곳하지 않습니다. 두 사람은 결혼 후 집을 나와 교외에 보금자리를 마련합니다.

루이스는 결혼하고 나서도 동생들의 생계를 책임지며 매사에 성실히 일합니다. 행복한 결혼 생활을 이어 가던 루이스와 에밀리 앞에 어느 날 청천벽력 같은 소식이 들려옵니다. 에밀리가 유방암 말기 판정을 받은 겁니다. 슬픔에 잠겨 산책하던 둘은 빗속에서 울고 있는 새끼 고양이 한 마리를 우연히 발견합니다. 두 사람은 고양이에게 피터라는 이름을 붙여 주고 집으로 데려와 함께 살게 되죠.

루이스는 아내를 기쁘게 해 주기 위해 매일같이 피터를 그리기 시작합니다. 에밀리는 루이스와 피터에게 큰 위안을 받죠. 그러던 중 루이스는 평소 알고 지내던 주간지《일러스트레이티드 런던 뉴스》편집장의 호의로 크리스마스 특집호에 직접 그린 고양이 그림을 싣게 됩니다. 고양이를 기르는 것이 일반적이지 않았던 그 당시에는 고양이 그림 역시 흔치 않았습니다. 고양이를 사랑스럽고 친

근하게 의인화한 루이스의 그림은 곧 선풍적인 화제를 일으키며 큰 인기를 얻습니다. 나아가 고양이에 대한 사람들의 인식을 바꾸는 계기가 되죠.

찌릿한 전기에 집착한 이유

　루이스는 통념이나 편견에서 자유로운 사람입니다. 에밀리와의 사랑은 이런 그의 면모를 잘 보여 주죠. 에밀리는 루이스보다 나이가 열 살이나 더 많았습니다. 그 당시 사회 관습상 남자가 나이 많은 여자와 결혼하는 일은 용인되지 않았어요. 게다가 루이스는 대도시 런던에 사는 중산층인 반면, 에밀리는 시골 하층민 출신이었습니다. 지금보다 계급 의식이 철저하던 시절이라 루이스의 가족은 결혼을 완강히 반대했습니다. 루이스는 에밀리를 향한 마음만으로 주변의 반대를 무릅쓰고 결혼을 강행했던 겁니다. 그가 남들은 멀리하던 고양이를 거부감 없이 집으로 데려오고, 고양이를 모델로 삼아 그린 그림을 세상에 내놓을 수 있었던 건 이런 자유분방한 면모에서 비롯되었다고 볼 수 있어요.

　한편 루이스는 근대적인 삶을 살고 싶은 욕망이 강했던 인물로 보입니다. 사랑과 결혼을 전근대적인 사고방식으로 접근하지 않은 모습만 봐도 그가 미래지향적인 사람이었음을 알 수 있어요. 특히 영화에서 광적으로 전기(電氣)에 집착하는 루이스의 모습은 주목해볼 만합니다. 이전부터 전기에 대한 환상을 지닌 그는 기이할 정도로 이에 몰두합니다. 전기가 세상을 바꿀 것이라 믿으며 고양이야말로 전기의 신비를 품고 있는 동물이라고 여기기도 하죠.

전기는 곧 근대를 상징합니다. 루이스는 미국 뉴욕을 동경하며 그곳에 가고 싶어 합니다. 첨단의 상징으로 떠오르던 뉴욕에 가면 전기를 통한 이상적인 사회를 구현할 수 있을 거라고 믿기 때문입니다. 전기를 향한 그의 열망은 갈수록 커지며 정신병 수준으로 심각해집니다.

영화는 단순히 루이스 웨인의 인생을 묘사하는 데 그치지 않고, 19세기 말에서 20세기 초로 넘어가는 변혁의 시기를 그의 삶에 포갭니다. 19세기 영국은 빅토리아 여왕이 다스리며 번영을 누려, '해가 지지 않는 나라'로 통했습니다. 세계 곳곳에 식민지를 경영하며 얻은 막대한 경제적 이득으로 영국 국민의 삶은 나날이 윤택해졌습니다. 중산층이 본격적으로 형성됐고, 경제적 여유는 여가 활동 증가로 이어졌습니다. 영화에서도 상류층 사람들이 수영장에서 아침 운동을 하고, 연극 공연을 보러 다니며, 골프를 즐기는 모습 등이 등장하죠. 루이스의 그림 덕분에 유럽 전역에는 고양이 열풍이 불고 사람들은 하나둘씩 고양이를 반려동물로 키우기 시작합니다. 모두 중산층의 부상과 밀접하게 연관된 일들입니다.

영화에는 등장하지 않지만 루이스 웨인은 생전에 동물 보호 운동에도 앞장섰다고 합니다. 동물실험을 반대하는 단체에서도 적극적으로 활동했고요. 워낙 동물을 사랑했기에 자연스러운 일로 여길 수 있지만, 이런 그의 행동이 시사하는 점은 결코 적지 않습니다. 동물 보호론자들은 동물권을 인권의 연장선으로 보곤 합니다. 문명이 발달한 사회일수록 인권을 중시하는데, 동물권에 관한 인식이 중요한 지표로 작용한다는 겁니다. 뉴스에서 종종 길고양이를 함부로 대하거나 학대한 범죄 사건이 보도되곤 합니다. 우리는 이를 통해 사회의 폭력성을 엿볼 수 있지요. 길고양이를 괴롭히는 자는 사람에게도 비슷한 행동을 할 가능성이 크고, 그런 이들의 언행에 눈감는 사회는 폭력에 무감각하기 쉽죠.

영화는 이런 주제나 메시지를 강조하지도, 직접적으로 드러내지도 않습니다. 루이스를 영웅처럼 묘사하지도 않죠. 그저 근대로 접어드는 변화의 물결 속에서 자신만의 독특한 획을 남긴 루이스의 삶을 따라가며 그로 인해 일어난 사회 변화상을 담아냅니다. 루이스가 형형색색의 고양이 그림으로 사람들의 인식을 바꾼 모습은 전기가 사회를 변화시킨 모습과 겹쳐 보이기도 합니다. 일평생 전기에 집착하던 그는 기존의 인식에 변혁을 촉발한, 찌릿한 전기 스파크 같은 인물 아닐까요?

삶이라는 성적표

성적표의 세계

우리는 살면서 여러 성적표를 받습니다. 초등학교, 중학교를 거쳐 고등학교를 졸업한 후에도 성적표와의 관계는 계속해서 이어집니다. 대학에 진학해서도 학점을 챙기는 동시에 취업에 대비해 외국어 능력 시험, 자격증 등 각종 성적을 신경 써야 합니다. 직장에 들어가서도 상황은 마찬가지입니다. 직원으로서의 능력, 태도, 업무 성과가 어떤지 인사고과라는 또 다른 형태의 성적표에 얽매이죠. 그야말로 성적표에 의한, 성적표를 위한, 성적표의 삶을 산다고 할 수 있습니다.

영화 〈성적표의 김민영〉은 우정이라는 보편적인 주제를 성적표라는 소재로 개성 있게 풀어냅니다. 우리 삶을 뒤흔들고 옥죄는 성적표의 의미를 직설적으로 언급하기도 하고, 형체는 보이지 않지만 엄연히 존재하는 성적표의 세계를 우회적으로 그리기도 합니다.

각자의 길을 걷다

유정희, 김민영, 최수산나는 절친한 친구 사이입니다. 이들 셋은 충북 청주에 있는 고등학교에서 기숙사 생활을 하는 동안, 비공식 동아리인 삼행시 클럽을 결성해 아이디어가 번뜩이는 삼행시를 지으며 우정을 다졌습니다. 거창한 문학의 꿈을 키우기보다는 삼행시를 일상의 소소한 재미로 여기며 입시 스트레스를 해소했죠.

수능을 치르고 고등학교를 졸업해 갓 스무 살이 된 세 사람은 각기 다른 길을 걷습니다. 정희는 자발적으로 대학 진학을 포기하고 청주의 한 테니스장에서 아르바이트를 합니다. 민영은 성적에 맞춰 대구의 한 대학에 들어가고, 수산나는 하버드대학에 진학해 미국에서 지냅니다.

몸이 멀어지니 마음도 멀어진 걸까요? 세 사람은 화상으로나마 삼행시 클럽 활동을 이어 가며 우정을 지속하려 하지만 상황이 따

라 주지 않습니다. 민영은 삼행시를 성의 없이 짓는 것도 모자라 화상 모임을 빠지기 일쑤고, 수산나는 시차 때문에 두 친구의 시간에 맞추기 어렵다며 더 이상 모임에 참여할 수 없다고 선언합니다. 엉뚱하면서도 발랄하고 재치 있게 소통하는 통로였던 삼행시는 이제 불통의 상징이 됩니다. 세 사람이 학교라는 울타리에서 함께 공부하며 우정을 나눴던 그때 그 시절로 다시 돌아가기는 힘들어 보입니다. 어찌 보면 고교 성적표에 따라 각기 다른 삶의 영역에 진입하게 된 것이죠.

정희와 민영은 같은 한국 땅 위에 있지만 청주와 대구라는 물리적 거리가 만들어 내는 마음의 거리는 멀고도 멉니다. 관계는 소원해지고, 영원할 줄 알았던 우정은 미묘하게 삐걱대기 시작합니다. 그러던 어느 날 정희는 서울로 놀러 오라는 민영의 연락을 받습니다. 여름방학을 맞아 서울 오빠 집에 머물고 있으니 올라와서 하룻밤 자고 가라는 거였죠.

정희는 오랜만에 민영을 만나러 가기 위해 짐을 싸며 즐거웠던 고등학교 시절을 떠올립니다. 그때처럼 재미있는 시간을 보낼 수 있을 거라고 잔뜩 기대하며 민영과 놀거리를 가방이 터지도록 바리바리 챙깁니다. 하지만 기대와 달리 오랜만에 만난 민영은 정희에게 통 관심이 없습니다. 마침 발표된 1학기 시험 성적을 확인하고 생각보다 낮게 나온 성적에 좌절하며 교수에게 학점을 정정해 달라는 메일을 쓰느라 바쁘죠. 서울에 있는 대학으로 편입할 계획인 민영은 좋은 성적이 절실합니다.

처음에는 같이 머리를 맞대고 점수 올릴 방법을 고민하던 정희는 점점 민영에게 서운함을 느낍니다. 오랜만에 친구 얼굴을 보러 서울까지 왔는데 자신은 안중에도 없고 성적표에만 목을 매는 모습이 야속하기만 합니다. 자신을 투명인간 취급하는 민영의 행동에 참다못한 정희가 서운함을 털어놓지만, 민영은 결국 직접 교수를 만나러 대구로 떠나 버립니다.

당신이라는 과목에 성적을 매기면?

빈집에 홀로 남아 집 안을 둘러보던 정희는 우연히 민영의 일기장을 들춰 보고 그동안 몰랐던 진실을 발견합니다. 일기장 안에는 누구에게도 고백하지 못한 민영의 고민과 꿈, 노력과 좌절이 담겨 있었죠. 정희는 고등학교 시절 엉뚱하지만 반짝거렸던 민영이 세상에 물든 채 그저 그런 보통의 사람이 돼 버렸다고 생각했지만, 일기 속 민영은 새로운 환경에 적응하랴 꿈을 향해 도전하랴 고군분투하고 있었습니다. 하지만 민영 앞에 닥친 벽은 높고도 험했습니다. 남몰래 품어 온 꿈을 이루기엔 재능이 턱없이 부족하다고 느끼죠. 너무 허황된 꿈을 꾼 건 아닐까 생각하며 좌절하고 있었기에 민영이 대학 성적에 그토록 목숨을 걸었던 건지도 모릅니다.

정희는 다시 청주로 돌아가기 전 민영에게 성적표 형식의 독특한 메모를 남깁니다. 경제력과 패션 감각, 사회성, 인간관계, 베풂, 한국인의 삶 등 자신만의 '과목'을 정하고, 항목별로 나름의 기준과 이유를 들며 민영에게 각기 다른 점수를 매겨요. 유정희가 본 김민영이라는 사람의 성적표는 성적표의 탈을 쓴 편지와도 같습니다. 민영에게 준 점수는 좀 야박한 듯하면서도 친구로서 느낀 정희의 솔직한 마음과 애정이 고스란히 담겨 있습니다. "앞으로 뭘 하든 그때의 우리 같았으면 좋겠어. 아무도 한심하다고, 덜 절실하다고 말할 수 없다고 생각해." 정희는 진심을 담아 적어 둡니다.

정희는 민영과 하려던 버킷리스트를 떠올리고 햇반으로 경단 한 접시를 만들어 두고 청주로 돌아갑니다. 한편 저녁 늦게 집에 돌아온 민영의 손에는 비닐 봉투가 들려 있습니다. 정희에 대한 미안한 마음에 먹을거리를 사 들고 온 듯하죠. 민영은 정희가 남긴 성적표를 들여다보고 꾸역꾸역 경단을 먹습니다. 그리고 비닐 봉투를 그대로 냉장고에 집어넣습니다. 함께 만들어 먹을 정희가 없으니 하게 된 행동일 테죠. 쓸쓸함이 느껴져 친구 앞에서 성적에만 연연했던 민영의 모습을 마냥 비난할 수는 없게 됩니다.

제목에는 미영이 전면에 등장하지만, 영화는 줄곧 정희의 시선으로 진행됩니다. 제목이 '김민영의 성적표'가 아니라 '성적표의 김민영'인 것도 민영을 바라보는 정희의 시선이 반영됐다고 볼 수 있어요. 영화는 극 중 인물 가운데 누구는 나쁘고 누구는 착하다는 식으로 선악을 나누지 않습니다. 친구 사이에서 우리는 때로 정희의 입장이 되기도 하고, 민영처럼 행동하기도 합니다. 사소한 일에 서운함을 느끼기도 하고, 자신도 모르게 상대에게 상처를 주기도 하죠. 영화는 이토록 복잡 미묘한 감정을 섬세한 시선으로 그리며 우정과 관계의 본질을 담아냅니다.

한편 영화는 성적표라는 소재를 빌려 한국 사회의 한 단면을 꼬집기도 합니다. 모든 것들이 평가되고 점수로 매겨지는 사회에서 사람들은 삶이라는 성적표에 오점을 남기지 않기 위해 민영처럼 전전긍긍합니다. 그렇기에 영화 속 정희는 더 남다르게 다가옵니다. 대학에 진학하지 않은 사람을 마치 실패자 혹은 낙오자처럼 취급하는 사회의 시선에 아랑곳하지 않는 인물이니까요. 자기 고유의 색을 잃지 않으며 주체적으로 사는 정희의 모습은 숫자로 측정된 성적표와는 무관해 보이죠.

민영은 정희가 남긴 성적표를 보고 어떤 감정을 느꼈을까요? 앞으로 두 사람의 관계는 어떤 모양으로 이어질까요? 사회가 정한 틀에 박힌 잣대가 아니라, 자기만의 기준을 정해 내 삶에 성적을 매긴다면 어떨지 영화를 감상하며 고민해 보는 것도 좋겠습니다.

Title ▸ Broker · 〈브로커〉· 2022
Director ▸ 고레에다 히로카즈
Cast ▸ 송강호(상현 역), 강동원(동수 역), 배두나(수진 역),
아이유(소영 역), 이주영(이 형사 역)

서로가 서로에게
구원이 되다

가족이라는 존재

여러분에게 가족은 어떤 존재인가요? 부모님은 여러분을 위해 오늘도 무척 애쓰고 계실 테고, 여러분도 이를 감사히 여길 겁니다. 형제자매 역시 세상에 둘도 없는 관계입니다. 가끔은 아옹다옹할 때도 있지만, 형제자매에게 안 좋은 일이라도 생기면 가슴이 철렁 내려앉죠. 이렇듯 가족은 우리 삶에 없어서는 안 될, 가장 소중한 존재입니다. 함께 있는 게 너무나 당연하게 느껴지다 보니 때로 그 가치를 잊기도 하지만요.

그렇다고 가족이 누구에게나 행복과 만족을 주는 존재인 건 아닙니다. 위안이 되기는커녕 앞을 가로막는 걸림돌 같다고 느끼는 사람들도 있죠. 피 한 방울 섞이지 않은 남보다 피를 나눈 가족에 더 큰 상처를 받는 경우가 적지 않습니다. 이런 이유로 하늘의 인연으로 정해져 있다는 부모와 자식 간의 관계인 천륜(天倫)을 끊고 살려는 이들도 있어요.

영화 〈브로커〉는 가족 이야기를 늘 스크린 중심에 두는 일본 감독 고레에다 히로카즈가 한국에서 만든 작품입니다. 가족에게 각기 다른 이유로 상처받은 인물들이 가족 아닌 이들과 정을 나누면서 펼쳐지는 이야기죠. 영화는 우리가 너무나 당연하게 생각하던 가족의 의미를 다시 한번 되짚고, 더 나아가 새로운 가족 형태를 제안합니다.

가족이 기쁨 대신 상처를 준다면

영화는 미혼모 소영이 어느 교회에서 운영하는 베이비 박스 앞에 아기를 두고 가는 장면으로 시작합니다. 베이비 박스는 부득이한 사정으로 아이를 키울 수 없는 부모가 아이를 두고 갈 수 있도록 마련된 상자를 말하는데, 국내에선 민간에서 자체적으로 운영되고 있지요. 베이비 박스 시설에서 당직을 서며 이를 지켜보던 동수와 상현은 소영이 놓고 간 아기를 몰래 데려옵니다. 이들은 베이비 박스에 버려진 아기 중 일부를 빼돌려, 정식 입양 절차를 밟지 않고 아기를 키우고 싶어 하는 이들에게 돈을 받고 불법 입양시키는 일을 하는 브로커입니다.

그런데 예기치 않은 일이 일어납니다. 다음 날 마음을 바꾼 소영이 아기를 되찾으러 교회에 다시 온 거예요. 동수는 아기가 없어졌다는 사실을 알고 경찰에 신고하려는 소영을 가로막고 나섭니다. 그리고 자신과 상현이 하는 일을 설명하죠. 상현과 동수는 아기를 부양 여건이 좀 더 좋은 가정에 보내기 위한 일이라며 자신들의 행위를 정당화합니다. 적임자를 찾아 아기를 입양시키고 받은 돈을 나누자는 두 사람의 제안에 소영은 거래 현장에 함께 가기로 합니다. 한편 상현과 동수를 오래전부터 수사해 왔던 형사 수진과 후배 이 형사가 이들의 뒤를 쫓으면서 이야기는 본격적으로 시작됩니다.

〈브로커〉의 주요 등장인물들은 저마다 다른 이유로 혈연관계인 이들에게 상처받았습니다. 상현은 도박에 빠져 큰 빚을 진 후 가정을 잃었습니다. 이혼한 아내는 다른 남자와 재혼했고, 엄마와 함께 사는 딸은 간간이 얼굴을 마주해도 자신을 반기지 않습니다. 상현은 하루라도 빨리 빚을 털고 딸에게 당당한 아빠가 되고 싶어, 세탁소에서 일하며 불법 입양 브로커 일을 병행합니다. 상현의 입양 브로커 파트너이자 교회 직원인 동수는 어린 시절 엄마에게 버림받고 보육원에서 자랐습니다. 그의 마음속에는 돌아올 거라 믿었던 생모

러ᄉ
가족

에 대한 원망이 크게 자리하고 있습니다. 그래서 소영이 아기를 두고 갈 때 나중에 찾으러 오겠다고 남긴 편지 내용을 절대 믿지 않습니다. 아이들이 보육원보다 양부모의 품 안에서 자라는 게 낫다고 생각하는 그는 불법 입양 브로커 일에 적극적입니다. 한편 소영은 이유가 명확하지는 않지만 가출해 집 밖에 나와 산 지 오래입니다. 짐작컨대 가족에게서 사랑보다는 상처를 더 많이 받았을 것으로 보이죠. 이후 소영은 성매매로 생계를 유지하다가 원치 않은 임신과 출산을 하게 됐습니다. 이렇듯 상현과 동수, 소영에게 혈육은 남보다 못한 관계지만 그렇다고 밀어낼 수도 없는 존재입니다.

이들은 아기를 입양 보내려는 과정에서 생각지도 못한 다양한 부류의 사람을 만납니다. 관객은 세 사람의 여정을 따라가며 생명을 바라보는 여러 관점을 마주하게 돼요. 어떤 부부는 아기를 물건처럼 여기며 흥정의 대상으로 취급합니다. 실물이 사진과 다르게 생겼다고 지적하면서 '가격'을 깎으려 하죠. 소영처럼 피치 못할 사정으로 아기를 낳고 버리게 된 사람도 있지만, 임신조차 쉽지 않은 이들도 있습니다. 최근 유산의 아픔을 겪은 한 부부는 진심 어린 마음으로 아기를 원합니다. 그런가 하면 불순한 목적으로 소영의 뒤를 쫓으며 아기를 강탈하려는 사람도 있어요. 아기를 자신의 그릇된 욕망을 채우기 위한 도구로 여기는 것이죠.

진짜 가족보다 더 가족 같은

세 사람은 예기치 않은 여정을 함께하며 조금씩 서로를 이해하게 됩니다. 그중에서도 동수와 소영의 관계는 좀 더 특별합니다. 이들은 서로를 보며 각각 엄마의 과거와 아기의 미래를 발견합니다. 동수는 소영과 지내면서 지난날 엄마가 겪었을 고뇌를 이해하고, 소영은 동수를 지켜보며 시간이 흘러 아기가 맞이할 앞날을 가늠하죠. 둘은 서로의 상황을 헤아리며 혈육 못지않게 감정적으로 교감합니다.

상현은 동수와 소영에게서 동생 또는 조카의 정을 느끼는 듯합니다. 소영의 아기에게서 딸과의 추억을 발견하고 가족을 지키지 못한 회한에 젖지요. 한편 동수가 자란 보육원 출신인 어린 해진은 상현과 동수, 소영에게서 할아버지나 아빠, 엄마에게 느낄 수 있었을 감정을 느낍니다. 소영의 아기를 형제처럼 대하기도 하죠.

〈브로커〉에는 실제 가족은 아니지만 가족과 비슷한 형태로 맺어진 두 가지의 유사 가족 집단이 등장합니다. 하나는 동수가 자랐던 보육원이고, 다른 하나는 소영이 속했던 성매매 집단입니다. 오갈 곳이 마땅치 않은 어린 여성들은 '엄마'라 불리는 중년 여성의 통제하에 숙식을 제공받으며 생활합니다. 이들 두 집단은 성격이 전혀 다르지만 이윤 추구라는 공통분모를 지니고 있습니다.

부모로부터 보육 사업을 이어받은 보육원장은 원생이 줄어 정부

보조금이 급감했다며 울상을 짓습니다. 돈만 바라보고 하는 일은 아니겠지만 수익이 보육 사업의 주요 목적 중 하나임을 시사하는 대목입니다. 소영이 속했던 성매매 집단은 노골적으로 불법을 행하며 이윤을 추구합니다. 동수나 소영이 두 집단에서 가족의 정을 느끼지 못하는 이유도 여기에 있을 겁니다.

한편 영화에서 반드시 짚고 넘어가야 할 부분이 있습니다. 바로 상현과 동수, 소영이 범죄자라는 점입니다. 이들은 아기를 버리고, 버려진 아기를 빼돌리고, 생명을 돈으로 거래하는 등 사회로부터 배척될 만한 범죄를 저질렀습니다. 저마다 딱한 사정을 지녔다고는 해도 이들의 범죄가 쉽게 용납되는 건 아닙니다. 그럼에도 영화는 이들에게도 구원받을 기회가 있다고 말합니다. 아기를 매개로 인연을 맺은 이들이 가족과 같은 사이가 되어 가는 과정을 보여 주며 새로운 삶의 가능성을 제시하죠. 비록 피는 섞이지 않았어도 마음을 나눌 수 있다면 또 하나의 가족이 되어 함께할 수 있다고, 이런 가족이라면 진짜 가족보다 못할 것도 없다고 말입니다.

Title ▸ Lady Bird · 〈레이디 버드〉 · 2017
Director ▸ 그레타 거윅
Cast ▸ 시얼샤 로넌(크리스틴 '레이디 버드' 맥퍼슨 역)

벗어나고 싶지만
사랑할 수밖에 없는

스스로를 새라고 부르는 아이

사람들은 저마다 마음속에 미래 생활상에 대한 청사진을 지니고 있습니다. 〈레이디 버드〉의 주인공, 여고생 크리스틴은 뉴욕에서 문화생활을 누리고 경제적으로 여유로운 일상을 즐기는 화려한 삶을 동경합니다. 으리으리한 집에 살며 연애도 자유롭게 하고 절약하려 아등바등하지 않는 일상은 크리스틴의 꿈이죠. 그러나 현실은 이와 거리가 멉니다. 엄마 매리언은 야근을 밥 먹듯 하는 간호사이고, 아버지 래리는 연봉이 높지 않은 중소기업에 재직 중입니다. 오빠는 대학 졸업 후 취업을 못 해 마트에서 일하며, 오빠의 여자 친구까지 덩달아 같이 살고 있습니다. 집은 철로 근처의 낡은 주택이고요. 크리스틴은 아버지가 차로 학교에 데려다줄 때마다 정문에서 한 블록 떨어진 곳에 내려 달라고 합니다. 아버지의 볼품없는 자동차가 창피하니까요.

그래서 크리스틴은 자신이 사는 집, 더 나아가서는 나고 자란 도시 새크라멘토를 벗어나길 꿈꿉니다. 새크라멘토는 인구 50만 명에 이르는 제법 큰 도시이자 캘리포니아주의 주도(州都)입니다. 캘리포니아는 미국의 50개 주 가운데 가장 많은 인구와 큰 경제 규모를 자랑하지만, 주의 중심이 되는 도시 새크라멘토는 로스앤젤레스나 샌프란시스코, 샌디에이고 등 유명 도시의 위세에 가려져 미국인조차 새크라멘토를 잘 모르죠. 풍경은 따분해서 시골과 다름없고요. 어쩐지 초라한 크리스틴의 일상과 새크라멘토의 풍경이 닮아 보입니다.

크리스틴은 엄마와 차에서 대화를 나누다 새크라멘토를 떠나 뉴욕, 코네티컷 등 미국 동부에 있는 대학에 진학하고 싶다고 말합니다. 돌아온 엄마의 말은 지지나 응원이 아니라 매서운 일침이었죠. 집 형편에 학비가 비싼 동부 지역 대학교는 어림없으니 등록금이 낮은 주립대에 진학하라고요. 엄마의 잔소리가 끝날 기미가 안 보이자 크리스틴은 달리는 자동차에서 뛰어내리고 맙니다. 그녀가 현실을, 새크라멘토를 얼마나 벗어나고 싶은지 단번에 알 수 있는 장면이죠.

크리스틴이 스스로에게 지어 준 새로운 이름, '레이디 버드'에도
이 바람이 가득 담겨 있습니다. 자신을 새라고 부르다니, 어지간히
둥지를 벗어나고 싶은가 봅니다. 그녀는 부모가 지어 준 크리스틴
이 아니라 레이디 버드로 불리길 원합니다. 매번 사람들에게 자신
을 레이디 버드로 소개하죠.

이상향으로 한 발짝?

엄마와 장을 보러 간 날, 레이디 버드는 잡지를 사 달라 조릅니
다. 침대에서 느긋하게 읽고 싶다면서요. 하지만 엄마는 그럴 돈이
어딨냐며, 잡지는 도서관에서 보라고 현실을 일깨웁니다. 잡지 하나
편히 사지 못하는 일상에 한 줄기 빛이 내렸으니, 바로 대니입니다.

학교 연극 동아리에서 만난 대니는 친절하고 똑똑하며, 부유합니
다. 매번 지나갈 때마다 '여기에 살면 결혼식도 집에서 할 거야.'라
고 감탄하던 동네 부잣집이 바로 대니 할머니 댁일 정도입니다. 대
니에게 호감을 표시하는 만큼 대니도 레이디 버드에게 사랑을 줍니
다. 레이디 버드는 자신의 이상향에 한 발 더 다가간 듯합니다. 간절
히 바라던 그곳에 닿기 위해 추수감사절에는 가족을 외면하고 대니
의 가족들과 시간을 보내기까지 하죠. 그리고 대니와 꿈에 그리던
첫 키스를 한 날, 레이디 버드는 좀처럼 마음이 진정되지 않습니다.

하늘을 나는 기분으로 집에 돌아오죠. 그러나 현관문을 닫은 직후 설렘과 기쁨은 일순간 사라집니다. 엄마의 잔소리가 시작됩니다. 하교 후 교복도, 방도 제대로 정리하지 않은 채 외출한 딸이 늦게 귀가하자 엄마는 참을 수 없었죠. 그리고 그날 공교롭게 아버지는 직장을 잃었습니다. 냉혹한 현실 앞에 달콤한 꿈이 무기력하게 녹아내리자 화가 난 레이디 버드는 울먹거리며 엄마에게 말합니다.

"엄마의 엄마가 화내서 속상한 적 없었어?"

그러자 엄마는 답합니다.

"우리 엄마는 폭력적인 알코올 중독자였어."

어쩌면 레이디 버드가 보잘것없고 하찮다고 느끼는 그 일상은 엄마와 아빠가 고군분투해서 이뤄 낸 것일지도 모릅니다.

신기루 같은 이상향

레이디 버드는 예기치 않은 때에 생각지도 못한 방법으로 대니가 사실은 남성을 좋아한다는 사실을 알게 됩니다. 다행히 첫 연애의 상처는 연말연시를 가족들과 함께 보내며 점점 옅어지죠. 곧이어 새로운 이상형이 다가옵니다. 카일입니다. 근사한 외모를 자랑하는 카일은 부잣집 아들이고 밴드에서 활동해 인기가 많습니다. 레이디 버드는 카일과 친해지기 위해 동급생 제나에게 접근하죠. 제나도 부유한 집안에서 자라 카일과 친분이 있기 때문입니다. 레이디 버드는 제나와 가까워지려고 그간 절친했던 친구 줄리를 외면하는가 하면, 못된 짓을 벌이기도 하고 마음에 없는 나쁜 말을 뱉기도 합니다. 드디어 제나의 파티에 초대받아 카일과 가까워지면서 꿈꾸던 삶에 다가가는 것 같았는데, 어쩐지 레이디 버드는 점점 자신의 진짜 마음이 무엇인지 알기 어려워집니다.

어렵게 시작한 카일과의 연애는 순탄치 않습니다. 타인의 감정을 배려하지 않는 데다 자기중심적인 카일은 일상적인 대화에서도 레이디 버드를 가르치려고만 듭니다. 덜커덕대는 카일과의 연애는 고등학교 졸업 무도회 날 마침표를 찍습니다. 카일은 레이디 버드를 데리러 왔으면서 부모님께 인사도 안 한 채 밖에서 빨리 나오라고 자동차 경적만 울립니다. 또 레이디 버드가 학교 무도회를 고대했다는 점은 아랑곳하지 않고 다른 파티 장소로 가려고 합니다. 결정적으로 카일이 라디오 음악이 마음에 들지 않는다고 한 그때, 레이디 버드는 자신의 진심을 깨닫습니다.

"이 노래 너무 싫어."

"난 좋은데…. 나 사실 무도회에 가고 싶어."

레이디 버드는 카일에게 속마음을 당당히 밝힌 뒤, 곧바로 절친한 친구 줄리에게 달려가 화해를 청하고 무도회에서 즐거운 저녁을 보냅니다. 우리가 동경하는 삶은 막상 겪어 보면 지긋지긋한 현실보다 보잘것없을 수 있습니다. 레이디 버드의 상처를 보듬어 준 가족, 고대하던 고등학교 졸업 무도회를 같이 간 친구 모두 현실 속에 있었죠.

사랑과 관심은 같은 말

엄마가 가정 형편을 이유로 줄기차게 반대했음에도 레이디 버드는 엄마 몰래 뉴욕에 있는 대학에 지원합니다. 그리고 운 좋게 합격하죠. 이를 알게 된 엄마는 화가 나 공항에서 작별을 앞두고서도 레이디 버드와 대화하지 않습니다. 그러나 이는 미움 때문이 아니에요. 레이디 버드가 대학 지원서에 새크라멘토를 묘사한 구절을 보고 교직원 수녀님은 "새크라멘토를 무척 사랑하는구나."라고 말합니다. 여기에 "저는 사실만 적었는걸요."라고 대답한 레이디 버드에게 수녀님은 "관심과 사랑은 같은 것"이라고 회답합니다. 엄마도 마찬가지였습니다. 항상 레이디 버드에게 "난 사실을 전달할 뿐이야."라고 말하죠. 야근과 집안일로 빡빡한 일상 속에서도 항상 레이디 버드를 지켜보고 잔소리했던 엄마. 그건 사랑의 다른 형태였습니다. 뉴욕으로 온 레이디 버드는 그제야 비로소 가족의 사랑과 새크라멘토의 아름다움을 깨닫게 됩니다. 그리고 뉴욕에서 자신을 이렇게 소개하죠.

"내 이름은 크리스틴이야."

크리스틴은 전화를 걸어 엄마에게 고향이 그립다고 말합니다. 그리고 한때는 그토록 떠나고 싶었던 엄마에게 "사랑해요. 고마워요."라고 진심을 전하죠. 어쩌면 크리스틴에게는 새크라멘토가 어머니이고, 어머니가 새크라멘토 아니었을까요? 우리는 이상향을 좇는데 급급해 현실이 얼마나 소중한지 잊고 있었을지도 모릅니다. 더 넓은 세상으로 날아가기 전에 날개를 키워 준 나의 둥지에 감사를 전해 보는 건 어떨까요?

Title ▸ Past Lives·〈패스트 라이브즈〉·2023
Director ▸ 셀린 송
Cast ▸ 그레타 리(나영/노라 역), 유태오(해성 역), 존 마가로(아서 역)

재회한 두 사람, 인연일까요?

이민으로 엇갈린 남녀

영화 〈패스트 라이브즈〉는 어떤 남녀의 시선으로 시작합니다. 이들은 동양 남녀와 백인 남자가 함께 바에 있는 장면을 바라보며, 세 사람이 어떤 사이인지 유추해 봅니다. "동양 여자랑 백인 남자가 커플이고 동양 남자는 오빠 같아."라거나 "동양 여자랑 동양 남자가 커플이고 백인 남자가 둘의 친구이거나."라고 추정합니다. 동양 남녀가 주로 대화를 나누자, "둘은 관광객이고 백인 남자는 가이드?"라고 짐작해 보기도 합니다. 세 사람은 어떤 관계일까요? 어떤 인연으로 새벽 네 시 뉴욕에서 함께하고 있는 걸까요?

동양 남녀의 이름은 해성, 나영으로 서울에서 초등학교를 함께 다닌 친구였습니다. 연인이라 칭하기엔 어린 나이였지만 깊은 마음을 나눈 진지한 사이였습니다. 그런데 나영의 가족이 캐나다로 이민을 가게 됩니다. 해성에게는 커다란 상실감을 안겨 준 일이었습니다. 이후로도 해성은 꾸준히 한국에 살았고, 나영은 '노라'라는 이름의 한국계 이민자로 캐나다를 거쳐 미국 뉴욕에 정착하게 됩니다. 둘은 12년 뒤 성인이 되어 온라인상에서 재회합니다. 해성이 영화감독인 노라 아버지의 페이스북을 통해 노라를 찾은 게 계기가 되어, 둘은 장거리 연애하듯 화상통화를 이어 가게 되었죠.

해성은 '찐 한국인(Korean Korean)'으로 살아갑니다. 그는 대부분의 한국 남자처럼 대학 생활을 하다 군대에 갑니다. 힘겨운 행군 중에 노상에서 배급된 점심을 먹으며 나영을 떠올리기도 했죠. 해성은 나영과 페이스북으로 연락이 닿은 날 새벽까지 친구들과 술을 마셨고, 다음 날 아침 어머니가 끓여 주신 콩나물국으로 해장합니다. 와이셔츠에 넥타이를 매고 출근 준비를 마친 아버지가 함께 아침을 먹습니다. 한국 가정의 보편적인 아침 식사 모습입니다. 해성은 20대 중반에도 부모님 집에서 생활합니다. 결혼 전 한국 남성의 전형적인 모습처럼요.

나영, 곧 노라는 다릅니다. 성인이 된 그의 첫 등장 장면은 뉴욕 도심으로 향하는 택시 안입니다. 그는 캐나다에서 대학을 마치고 뉴욕 대학원에서 극작을 전공하는 글쟁이로 새로운 삶을 막 시작한 듯합니다. 간편식으로 끼니를 때우기도 하며 작은 아파트에서 홀로 살아갑니다. 노라에게서 가족의 그림자를 찾기는 어렵습니다. 한국 어는 어머니와 해성과 통화하며 쓰는 정도일 뿐이고, 독립적인 삶을 살아갑니다. 서울이 낮일 때 뉴욕은 밤인 두 도시의 시차만큼이나 둘은 달라 보입니다. 해성과 노라는 이민이라는 분기점을 통해 한국인과 한국계로 각기 다른 삶을 살게 된 겁니다.

숫자 12, 24가 의미하는 것

영화는 두 사람이 물리적 거리 못지않게 정서적으로도 멀리 떨어져 있음을 강조합니다. 그 이유는 무엇일까요? '전생들'이라는 의미를 지닌 영화 제목, '패스트 라이브즈(Past Lives)'에 힌트가 있습니다.

〈패스트 라이브즈〉는 인물들의 전생 장면을 보여 주진 않습니다. 전생은 은유적인 표현입니다. 노라에게는 나영으로 12년을 살았던 서울 생활이 전생이나 다름없습니다. 이름뿐 아니라 사는 공간과 생활하는 시간대, 삶의 방식 등이 모두 바뀌었기 때문입니다.

노라와 해성은 영상통화를 이어 가며 보고 싶어 했지만 끝내 서로의 도시에 찾아가지 못한 채 연락을 끊게 됩니다. 이후 노라는 서울을 방문하고 유대계 미국인 아서와 결혼한 뒤 부모님이 계신 캐나다를 찾기도 하지만 두 곳에서 어떤 일이 있었는지는 영화에 나오지 않습니다. '전생들'이 노라의 '현생'에 영향을 끼쳤으나, 말 그대로 과거의 삶이기 때문이죠. 노라가 해성과의 마지막 영상통화에서 한동안 연락하지 말자며 꺼내는 말은 '전생들'에 휘둘리고 쉽지 않은 그의 마음을 드러냅니다. "나는 이민을 두 번이나 해서 뉴욕에 와 있어. 여기서 뭔가를 해내고 싶어. 여기에 있는 인생에 충실하고 싶은데, 내가 맨날 서울 가는 비행기를 찾아보고 앉아 있는 거야."

영화에는 12와 24라는 숫자가 반복되며 사용됩니다. 이는 전생이 지닌 시간성을 강조하기 위한 것으로 보입니다. 해성과 노라는 이별한 지 12년 만에 서로 연락이 닿습니다. 노라가 영상통화로 연락을 끊자고 해성에게 통보하고 다시 12년 뒤에 해성은 노라가 있는 뉴욕을 찾아오고요. 두 사람은 결국 24년 만에 서로를 대면합니다. 하루는 24시간으로 구성돼 있습니다. 오전 12시간과 오후 12시간이 합쳐져 하루를 이루죠. 1년은 12개월입니다. 동아시아에서는 태양의 움직임에 따라 한 해를 스물넷으로 나눈 24절기로 계절을 구분해 살아가기도 합니다.

영화는 이렇듯 시간을 상징하는 두 숫자를 반복 사용하며 해성과 노라 사이에 놓인 시간의 간극을 강조합니다. 두 사람은 나영이 이민 가기 직전 어머니들과 함께 서울 외곽에 있는 공원으로 놀러 갔다가 귀가하는 차 안에서 손을 꼭 잡고 잠든 사이입니다. 하지만

24년 만에 뉴욕에서 만나 지하철을 함께 탔을 때, 같은 손잡이를 잡고는 있어도 서로의 손을 맞잡지 못합니다. 어린 시절의 아련한 추억을 공유한 두 사람의 인연도 각기 다른 환경에서 보낸 24년이라는 시간을 극복하기는 어려워 보입니다.

여러 갈래로 나뉘고 이어지는 삶

자신을 만나러 온 해성과 뉴욕을 거닐며 시간을 보낸 노라는 집에 돌아와 남편 아서와 대화를 나눕니다. 이 대화를 통해 우리는 노라와 해성 사이의 간극을 엿볼 수 있죠. 노라는 해성을 두고 "진짜 한국인다워."라며 "아직 부모님이랑" 사는 것과 "생각들이 전부" 한국인답다고 말합니다. "걔랑 있으면 난 한국인 같지가 않아… 진짜 묘해."라고 덧붙이기도 합니다.

해성이 결혼하지 못한 이유를 밝히는 대목에서도 두 사람 사이 벽이 느껴집니다. 해성은 중국 상하이에 어학연수 갔다가 만난 여자와 오래도록 연인으로 지낸 듯한데, 뉴욕에 오기 전 헤어집니다. 그는 조건이 맞지 않았다고 하죠. "외동아들에게 시집오려면 내가 좀 더 돈도 잘 벌고 잘나가야 하는데, 나는 너무 평범하거든.", "걔는 좀 더 잘난 사람이랑 만나야 돼서."라고 말합니다. 한편 노라는 예술인 레지던스에서 지금 남편을 만나 사랑하게 됐고 주거비를 아낄

요량으로 뉴욕에서 동거를 시작했으며 미국 영주권을 빨리 얻기 위해 결혼했습니다. 서로 다른 나라에서 서로 다른 삶의 궤적을 그려온 겁니다. 해성과 노라는 서로의 상황을 이해할 수는 있으나 공감할 수는 없습니다.

노라의 남편 아서는 아내의 삶을 온전히 이해하고 공감할 수 있을까요? 아서는 한국어를 배우려 애쓰고 아내 가족과 화투 치기를 즐기며 가장 좋아하는 음식이 육개장임에도 불구하고 불안감을 느낄 때가 있습니다. 노라가 한국말로 잠꼬대하는 순간입니다. 그는 자신이 이해할 수 없는 말로 꿈꾸는 노라를 보며, 노라 마음속에 그가 가지 못하는 장소가 있다고 여깁니다. 아서는 현재 노라와 함께하고 있지만 노라의 이전 삶, 나영에 대해선 잘 모릅니다. 반면에 해성은 나영의 삶을 기억하지만 노라의 삶을 이해하지 못하죠.

해성과의 인연, 아서와의 인연을 모두 통해야 나영, 즉 노라의 삶을 알 수 있다고 영화는 말합니다. 이민자라는 노라의 정체성을 드러내는 대목이기도 합니다. 노라가 곧 뉴욕을 떠나야 하는 해성에게 바에서 건넨 말은 이런 점들을 담아냅니다. "너가 기억하는 나영이는 여기에 존재하지 않아. 근데 그 어린이는 존재했어. 너 앞에 앉아 있지는 않지만 그렇다고 없는 애는 아냐. 20년 전에, 나는 그 애를 너와 함께 두고 온 거야."

이민 같은 큰일을 겪지 않더라도 누구나 특정한 계기로 이전과 다른 새로운 삶으로 나아가기 마련입니다. 해성이 군대와 어학연수,

직장 생활을 거쳐 노라가 조금은 낯설어하는 '찐 한국인'이 된 것처럼요. 한편 해성은 24년 만에 노라를 만나 어떤 깨달음을 얻은 듯합니다. 호기심 때문인지, 혹은 그리움이나 외로움 때문인진 모르지만 충동적으로 찾아온 뉴욕에서 그는 이제 과거와 결별해야 된다는 걸 깨닫습니다. 마지막 장면은 꽤나 상징적입니다. 해성은 택시를 타고 동이 튼 뉴욕 거리를 달려 공항으로 향합니다. 처음 뉴욕에 도착하던 노라의 모습을 닮았습니다. 해성은 노라와 이번 생에서는 이뤄질 수 없다는 현실을 자각하고, 새로운 사랑을 찾아 나설 겁니다. 전생도, 다음 생도 알 순 없지만, 이번 생의 또 다른 인연이 존재할지 모르니까요. 노라와는 다음 생에, 그때 다시 보자는 말을 남기고 현재가 있는 한국으로 담담히 향합니다.

다가오는 영화들

스크린 속으로 더 깊이 들어가고 싶은 너에게

1판 1쇄 발행일 2024년 9월 25일

지은이 라제기
펴낸이 권준구 | 펴낸곳 (주)지학사
편집장 김지영 | 편집 공승현 명준성 원동민
책임편집 공승현 | 교정교열 김정아
표지 디자인 스튜디오진진 | 본문 디자인 이혜리 | 일러스트 Womi
마케팅 송성만 손정빈 윤술옥 | 제작 김현정 이진형 강석준 오지형
등록 2017년 2월 9일(제2017-000034호) | 주소 서울시 마포구 신촌로6길 5
전화 02.330.5265 | 팩스 02.3141.4488 | 이메일 booktrigger@naver.com
홈페이지 www.jihak.co.kr | 포스트 post.naver.com/booktrigger
페이스북 www.facebook.com/booktrigger | 인스타그램 @booktrigger

ISBN 979-11-93378-29-8 43680

북트리거

트리거(trigger)는 '방아쇠, 계기, 유인, 자극'을 뜻합니다.
북트리거는 나와 사물, 이웃과 세상을 바라보는 시선에 신선한 자극을 주는 책을 펴냅니다.